Einführung in die Rechtswissenschaften und ihre Methoden

Teil I

Öffentliches Recht

Studienjahr 2020/2021

von

ao. Univ.-Prof. Dr. Bettina Perthold-Stoitzner

Wien 2020
MANZ'sche Verlags- und Universitätsbuchhandlung

ISBN 978-3-214-08638-1

ISBN 978-3-214-08631-2 (Paket = alle 4 Skripten)

Telefon: (01) 531-61-0
E-Mail: verlag@manz.at
www.manz.at

Inhaltsverzeichnis

I. EINLEITUNG

- A. NORMEN UND RECHTSNORMEN
- B. DER BEGRIFF „ÖFFENTLICHES RECHT“

II. AUSGEWÄHLTE GEBIETE DES ÖFFENTLICHEN RECHTS

- A. VERFASSUNGSRECHT
- B. VERWALTUNGSRECHT
- C. STRAFRECHT

III. RECHT UND STAAT, INTERNATIONALE DIMENSIONEN DES RECHTS

- A. RECHT UND STAAT
- B. VÖLKERRECHT
- C. EUROPARECHT

IV. EINIGE RECHTSTHEORETISCHE UND METHODISCHE GRUNDLAGEN

- A. RECHTSWISSENSCHAFTEN
- B. RECHTSTHEORETISCHE GRUNDLAGEN
- C. METHODISCHE GRUNDLAGEN

I. EINLEITUNG

A. NORMEN UND RECHTSNORMEN	B. DER BEGRIFF „ÖFFENTLICHES RECHT"

Bevor ein Überblick über grundsätzliche Regelungen des öffentlichen Rechts und rechtstheoretische sowie methodische Fragen dieses Rechtsbereichs gegeben wird, soll **einleitend** dargestellt werden, was man unter „**Recht**" und „**Öffentlichem Recht**" versteht (Der Frage, warum man von „Rechtswissenschaften" spricht, wird unter IV.A. nachgegangen).

A. NORMEN UND RECHTSNORMEN

1. NORMEN: DER UNTERSCHIED ZWISCHEN SEIN UND SOLLEN

Von klein auf sind wir mit Regeln und Regelungen konfrontiert:

> Wir sollen grüßen; wir sollen nicht laut sein; wenn wir uns etwas ausgeborgt haben, sollen wir es zurückgeben; wir sollen nicht lügen; wir sollen niemanden verletzen; wenn wir mit dem Auto fahren, sollen wir rechts fahren;...

Diese Anordnungen, wie wir uns verhalten sollen, sind ein **Sollen** oder mit anderen Worten: **Normen**.

Alle diese **Normen**

- regeln menschliches Verhalten und sind von Menschen gesetzt;
- entweder dadurch,
- dass sie durch **eine Autorität** angeordnet wurden **oder**
- dass sie sich in der menschlichen Gemeinschaft durch langandauernde **Gewohnheit** herausgebildet haben.

> ZB ist in § 7 Abs 1 Straßenverkehrsordnung 1960 (StVO) durch den Bundesgesetzgeber angeordnet: *„Der Lenker eines Fahrzeuges hat, sofern sich aus diesem Bundesgesetz nichts anderes ergibt, so weit rechts zu fahren, wie*

ihm dies unter Bedachtnahme auf die Leichtigkeit und Flüssigkeit des Verkehrs zumutbar und dies ohne Gefährdung, Behinderung oder Belästigung anderer Straßenbenützer, ohne eigene Gefährdung und ohne Beschädigung von Sachen möglich ist.“

Die Bestimmung regelt menschliches Verhalten (der Lenker eines Fahrzeuges hat … rechts zu fahren) und ist durch eine Autorität angeordnet (durch den Bundesgesetzgeber).

Wenn etwa auf einer Tafel vor einem Park (angeordnet durch die Gemeinde) steht: „Hunden ist das Betreten der Wiese verboten“, so wäre dies keine Norm iS der eben genannten Definition, da ja nicht menschliches Verhalten geregelt ist.

Man kann die Anordnung allerdings auch „umdeuten“: Es wird Menschen, die Hunde führen, geboten, dafür Sorge zu tragen, dass der Hund die Wiese nicht betritt.

Normen (Sollen) unterscheiden sich von Tatsachen (Sein).

Dass etwas in einer bestimmten Weise geschehen soll, bedeutet nicht, dass es auch so geschieht und dass etwas geschieht, bedeutet noch nicht, dass es so geschehen soll.

Wenn wir auf der rechten Fahrbahnseite fahren **sollen**, heißt das noch nicht, dass wir **tatsächlich** auf der rechten Fahrbahnseite fahren; wenn wir tatsächlich auf der linken Fahrbahnseite fahren, heißt das noch nicht, dass wir auf der linken Fahrbahnseite fahren sollen. Auch wenn wir rechts fahren, heißt das noch nicht, dass wir rechts fahren sollen (es kann ja eine Norm auch ein Linksfahrgebot anordnen).

Aus einem Sein kann man also nicht auf ein Sollen schließen, aus einem Sollen nicht auf ein Sein.

2. ARTEN VON NORMEN – RECHTSNORMEN

Nun gibt es verschiedene Arten von Normen, die von Menschen gesetzt wurden und menschliches Verhalten regeln:

- Normen der **Sitte**, also Regelungen, die in einer bestimmten sozialen Gruppe oder Gemeinschaft entstanden sind.
- Normen der **Moral**, also Regelungen, die Verhalten nach bestimmten ethischen Gesichtspunkten als richtig oder falsch beurteilen.
- Normen der **Religion**, also Regelungen, die auf Grund von Anordnungen religiöser Gruppen menschliches Verhalten regeln.
- Normen des **Rechts.**

Normen des Rechts werden begrifflich – und als Gegenstand rechtswissenschaftlicher Betrachtung – von den anderen Normen **insoweit unterschieden**, als nur solche Normen als Rechtsnormen bezeichnet werden, die

- von einer staatlichen Autorität gesetzt (= erlassen) wurden und
- allenfalls mit Hilfe staatlicher Zwangsmaßnahmen durchgesetzt werden sollen.

[Im Kapitel IV.B. werden noch weitere Arten von Rechtsnormen unterschieden, die aber im vorliegenden Zusammenhang keine Rolle spielen.]

Das von Menschen gesetzte Recht wird – nach dem lateinischen Verb „ponere" – als **positives Recht** (= gesetztes Recht) bezeichnet.

Wenn jemand vor Ihnen steht und die Herausgabe von Geld fordert, so kann diese Anordnung Verschiedenes sein:

- etwa die Aufforderung eines Räubers – und damit ein von der Rechtsordnung verbotenes Verhalten – oder
- die Aufforderung eines Gerichtsvollziehers – und damit ein Rechtsakt.

Der Unterschied liegt darin, dass der Gerichtsvollzieher durch eine staatliche Rechtsnorm ermächtigt ist, für den Staat Geld einzutreiben. Nach § 25a Abs 1 der Exekutionsordnung hat *„das Vollstreckungsorgan … am Vollzugsort unmittelbar vor dem Vollzug den Verpflichteten zur Leistung der hereinzubringenden Forderung*

aufzufordern“. Die Aufforderung des Gerichtsvollziehers stellt damit ein staatlich angeordnetes Sollen – mit anderen Worten eine Rechtsnorm – dar.

Die anderen genannten Normensysteme sind nicht nur von anderen Autoritäten angeordnet, sondern unterscheiden sich von den Rechtsnormen vor allem auch durch die angedrohte **Sanktion** bzw angeordnete **Rechtsfolge**:

- So drohen bei der Verletzung einer Norm der **Sitte** (Sie haben nicht gegrüßt) **gesellschaftliche Sanktionen** (etwa Tadel oder Missachtung).
- Ähnlich wird es sein, wenn man Ihnen die Verletzung einer Norm der **Moral** vorwirft, allerdings ist der **Vorwurf, moralisch verwerflich** gehandelt zu haben, noch gravierender.
- Die Verletzung einer Norm der **Religion** kann im drastischsten Fall zum **Ausschluss aus der Religionsgemeinschaft** führen; zT **werden Konsequenzen im Jenseits** in Aussicht gestellt.
- Bei Verletzung von **Rechtsnormen** drohen demgegenüber **staatlich angeordnete und durchsetzbare Sanktionen oder Rechtsfolgen** – zB die Verhängung von Geld- und Freiheitsstrafen oder der Entzug von Berechtigungen, (wie etwa des Führerscheins). Wenn der staatlich angeordneten Verpflichtung zur Zahlung einer Geldleistung (zB Steuer) nicht nachgekommen wird, kann dies letztlich durch staatliche Zwangsvollstreckung durchgesetzt werden. Aber auch wenn jemand einen Anspruch auf Leistung hat (etwa auf Studienbeihilfe, aber auch auf Zahlung eines Kaufpreises), können diese durch Rechtsnormen geregelten Ansprüche mit staatlicher Hilfe durchgesetzt werden.

Die **verschiedenen Normensysteme wurden ursprünglich nicht unterschieden**. Erst im Zuge der geschichtlichen Entwicklung – insb der Säkularisierung mit ihrer Trennung von Religion und Politik – kam es zu deren **Ausdifferenzierung**.

3. GELTUNG – EFFEKTIVITÄT

Da wir Normensysteme, also **Sollensanordnungen**, betrachten, achten wir auch im vorliegenden Zusammenhang nur darauf, welche **Sanktion oder Rechtsfolge angedroht** ist, also **folgen soll**. Es kommt nicht darauf an, ob eine Sanktion (oder eine andere Rechtsfolge) auch tatsächlich folgt. Dies ist eine Konsequenz der Unterscheidung und Trennung zwischen dem Sollen (dh den Normen) und dem Sein. Eine Norm bleibt eine Norm, auch wenn das gebotene Verhalten von niemandem befolgt wird, und auch dann, wenn von niemandem eine Sanktion oder andere Rechtsfolge gesetzt wird.

> Nicht immer wird etwa jemand, der eine Geschwindigkeitsbeschränkung nicht einhält, bestraft. Doch selbst wenn zB auf der Westausfahrt die angeordnete Geschwindigkeitsbegrenzung von 50 km/h von niemandem eingehalten und nie Sanktionen gesetzt würden, ändert dies nichts daran, dass die Geschwindigkeitsbeschränkung angeordnet ist.

Wenn eine Norm **Bestandteil der Rechtsordnung ist**, bezeichnen wir das als Geltung. Mit **Geltung** ist also die spezifische (rechtliche) Existenz von Normen gemeint.

Der Begriff „Geltung" ist vom Begriff **„Effektivität"** (= Wirksamkeit) zu unterscheiden. Effektiv ist eine Norm dann, wenn sie **tatsächlich** befolgt wird.

- Sei es, dass sich die Menschen, deren Verhalten normiert wird, tatsächlich so verhalten, wie es angeordnet ist, oder,
- dass die staatlichen Organe so handeln, wie es angeordnet ist (beispielsweise die Sanktion verhängen oder eine Leistung zuerkennen).

Untersucht man, ob eine **Norm Geltung** hat (maW: gilt), wird das **Sollen** betrachtet. Untersucht man, ob eine **Norm effektiv** ist, betrachtet man das **Sein.**

> Wird auf der Westausfahrt die angeordnete Geschwindigkeitsbegrenzung von 50 km/h von niemandem eingehalten und werden nie Sanktionen gesetzt, dann ist die Geschwindigkeitsbeschränkung nicht effektiv – aber in Geltung.

4. DAS VERHÄLTNIS VON NORMEN: NORMENKONGRUENZ – NORMENKONFLIKT

Wie bereits dargelegt, können verschiedene Normensysteme unterschieden werden, insbesondere Normen der Sitte, Normen der Moral, Normen der Religion und Normen des Rechts.

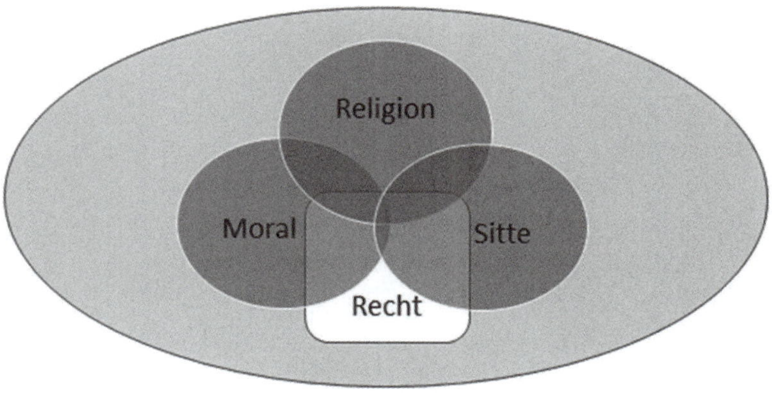

Manche Verhaltensanordnungen finden Sie in nur einem Normensystem:

> So ist die Regelung, dass Apotheken nur mit staatlicher Bewilligung (Konzession) errichtet werden dürfen, eine Norm des Rechts; das Gebot, nur einen Gott zu ehren, ist wiederum eine Norm der Religion.

In vielen Fällen ist ein Verhalten in mehreren Normensystemen geregelt. Dabei kann es

- zu **Normenkongruenz** kommen (die Normen stimmen, was das angeordnete Verhalten anbelangt, inhaltlich überein) oder
- zu einem **Normenkonflikt** (die eine Norm gebietet ein bestimmtes Verhalten, die andere ordnet das Gegenteil an).

Oftmals ist in den verschiedenen Normensystemen **dasselbe Verhalten** angeordnet:

> Nehmen wir zB das Gebot: „Du sollst nicht lügen". Es ist eine Regel der Religion und der Sitte und wird als moralisch richtig qualifiziert. Das Gebot „Du sollst nicht falsch gegen deinen Nächsten aussagen" findet sich in verschiedenen Religionen. Im österreichischen Recht gibt es Regelungen, die dieses

> Gebot enthalten. So normiert zB § 288 Abs 1 StGB (Strafgesetzbuch) unter der Überschrift *„Falsche Beweisaussage"*: *„Wer vor Gericht als Zeuge oder, soweit er nicht zugleich Partei ist, als Auskunftsperson bei seiner förmlichen Vernehmung zur Sache falsch aussagt oder als Sachverständiger einen falschen Befund oder ein falsches Gutachten erstattet, ist mit Freiheitsstrafe bis zu drei Jahren zu bestrafen"*.

Zu welchem Normensystem die Norm gehört, können wir in solchen Fällen nur dadurch sehen, dass wir die **normsetzende Autorität** und die **angedrohte Sanktion** betrachten.

Es kann aber auch vorkommen, dass ein Normensystem ein Verhalten verbietet und das andere Normensystem dasselbe Verhalten gebietet.

> So ist das Tragen eines Ganzkörperschleiers, der auch das Gesicht verhüllt und lediglich die Augen frei lässt, nach dem Regelverständnis mancher Religionsgemeinschaften verpflichtend. Zum Teil verbieten Rechtsnormen das Verhüllen des Gesichts entweder in einem bestimmten Zusammenhang (etwa bei einer Aussage im Rahmen einer Gerichtsverhandlung, bei Versammlungen) oder an öffentlichen Orten überhaupt (zB Anti-Gesichtsverhüllungsgesetz).

In diesem Fall liegt ein **Normenkonflikt** vor (hier: zwischen einer Norm des Rechts und einer Norm der Religionsgemeinschaft). Die Frau, die beide Normen beachten sollte, kommt in einen Gewissenskonflikt, egal wie er handelt, verstößt er entweder gegen die eine oder gegen die andere Norm. Die **Chance, dass die Rechtsnorm tatsächlich befolgt wird**, ist jedenfalls umso größer, je kongruenter die Verhaltensanordnungen in den verschiedenen Normensystemen sind.

Auch zwischen Normen eines Systems (insb Rechtsnormen) kann es zu Normenkonflikten kommen:

> Im Zuge der Corona Krise wurden jedoch rechtliche Regelungen erlassen, die das Tragen eines Mund-Nasen-Schutzes (und damit jedenfalls ein teilweises Verhüllen des Gesichts) in bestimmten Situationen gebietet. Diese rechtlichen Regelungen stehen in einem Konflikt mit den rechtlichen Regelungen, die das Verhüllen des Gesichts verbieten.

In **Rechtsordnungen** wird versucht, durch verschiedene Regelungen das Auftreten von **(Rechts-)Normenkonflikten** zu vermeiden:

- Es wird versucht, **Zuständigkeiten** so aufzuteilen, dass nicht ein und dieselbe Angelegenheit durch verschiedene Normsetzer geregelt werden kann (siehe dazu S. 27 ff zur Kompetenzverteilung bei der Behandlung der Gesetzgebung)
- Normenkonflikte werden mit der Regel aufgelöst, dass die speziellere Regelung der generelleren Regelung vorgeht **(lex specialis Regel)**.

  So gibt es nach den Regelungen des Universitätsgesetzes eine allgemeine Zulassungsfrist. Die allgemeine Zulassungsfrist ist von den Universitäten festzulegen, hat für das Wintersemester mindestens acht Wochen zu betragen und endet am 5. September; für das Sommersemester hat sie mindestens vier Wochen zu betragen und endet am 5. Februar. Für einige Studien (zB Rechtswissenschaften, Pharmazie, Publizistik, Informatik) ist ein besonderes Aufnahmeverfahren vorgesehen. Dafür gelten spezielle Registrierungsfristen. Diese speziellen Fristen gehen den allgemeinen Zulassungsfristen vor. Werden die Regelungen für die allgemeinen Zulassungsfristen geändert, gelten dennoch für die speziellen Studien die speziellen Fristen weiter.

- Es gibt die Regel, dass die aktuellere (später erlassene) Regelung der älteren (früher erlassenen) Regelung vorgeht (**lex posterior Regel**; siehe auch die Ausführungen auf S. 117 ff zum Stufenbau nach der derogatorischen Kraft).

  § 20 Abs 2 der Straßenverkehrsordnung (StVO) normiert, dass grundsätzlich im Ortsgebiet nicht schneller als 50 km/h, auf Autobahnen nicht schneller als 130 km/h und auf den übrigen Freilandstraßen nicht schneller als 100 km/h gefahren werden darf.
  Angenommen, es wird später § 20 Abs 2 StVO neu erlassen und darin geregelt, dass grundsätzlich auf Autobahnen nicht schneller als 100 km/h und auf den übrigen Freilandstraßen nicht schneller als 80 km/h gefahren werden darf, dann geht die später erlassene Regelung der früher erlassenen Regelung vor (maW: die neuere Regelung derogiert der alten) – man darf also künftig auf Autobahnen nicht schneller als 100 km/h und auf sonstigen Freilandstraßen nicht schneller als 80 km/h fahren.

B. DER BEGRIFF „ÖFFENTLICHES RECHT“

1. DER GRUND FÜR DIE UNTERSCHEIDUNG

Bei der Fülle von Rechtsvorschriften einer Rechtsordnung besteht das Bedürfnis nach einer Gliederung. Eine sehr alte Gliederung – an die auch die Vorlesung Einführung in die Rechtswissenschaften und ihre Methoden anknüpft – ist die Unterscheidung zwischen **Öffentlichem Recht** und **Privatrecht**.

Die Unterscheidung ist (auch) vor einem **politischen Hintergrund** zu sehen:

Noch im 19. Jahrhundert ist man davon ausgegangen, dass ein absoluter Gegensatz zwischen diesen beiden Rechtsbereichen besteht. „Öffentliches Recht“ hat man als das Recht angesehen, das der Verwirklichung der Staatszwecke dient („politisches Recht“). Man hat angenommen, dass die Monarch*in und die ihr unterstellte Exekutive in diesem Bereich gleichsam „wesensnotwendig“ einen großen Freiraum zur Erreichung des öffentlichen Wohles hätten.

Dem „Öffentlichen Recht“ stellte man das Privatrecht gegenüber. Dieses sah man als für die Staatszwecke weitgehend irrelevant an („unpolitisches Recht“); seine Vollziehung wurde den unabhängigen Gerichten überlassen.

Diese Anschauung entspricht seit dem Inkrafttreten des B-VG – unserem auch heute noch geltenden Bundes-Verfassungsgesetz (siehe dazu näher S. 14 ff) – nicht mehr dem Verfassungsrecht. Im Gegenteil – nach den Regelungen unserer Verfassung braucht alles staatliche Handeln eine gesetzliche Grundlage: Die Verwaltung ist streng an die Gesetze gebunden, auch gerichtliches Handeln muss auf Gesetzen beruhen, der Gesetzgeber ist an die Verfassung gebunden.

Auch wenn kein Wesensunterschied zwischen Öffentlichem Recht und Privatrecht besteht, wird im **positiven Recht** dennoch an die **Unterscheidung** von Öffentlichem Recht und Privatrecht **angeknüpft**:

- So bestimmt etwa das B-VG, dass grundsätzlich – es bestehen Ausnahmen – zur Regelung von **Privatrecht der Bundesgesetzgeber** zuständig ist (vgl dazu auch die Ausführungen zur Gesetzgebung auf S. 23 ff).

- Einfachgesetzlich wird angeordnet, dass für „bürgerliche Rechtssachen“ (gemeint ist „Privatrecht“) **ordentliche Gerichte** zuständig sind – § 1 Jurisdiktionsnorm (vgl dazu auch die Ausführungen zur Gerichtsbarkeit S. 49 ff).
- Manchmal wird normiert, dass **„privatrechtliche Einwendungen“** in einem Verwaltungsverfahren nicht relevant sind – die Parteien sind „auf den Zivilrechtsweg“ zu verweisen.
- Gesetze enthalten spezielle Regelungen für **„öffentlich-rechtliche“ Körperschaften** (das sind juristische Personen, also rechtliche Einheiten, die Träger von Rechten und Pflichten sind).
- Wird von staatlichen Organen **„in Vollziehung von Gesetzen“** ein Schaden zugefügt, bestehen besondere Regelungen darüber, wer den entstandenen Schaden zu ersetzen hat **(„Amtshaftung“)**, die von den im **Privatrecht** geltenden Schadenersatzregelungen abweichen.

Daher müssen wir uns in diesen Fällen mit der Frage auseinandersetzen, wie die Bereiche Öffentliches Recht und Privatrecht zu unterscheiden sind.

2. „THEORIEN" ZUR UNTERSCHEIDUNG

Es wurden **verschiedene „Theorien"** entwickelt, um Privatrecht und Öffentliches Recht zu unterscheiden. Sie alle **ermöglichen** jedoch **keine exakte Trennung**.

Untersucht man, was der Gesetzgeber unter den Begriffen verstanden hat, kann man allerdings auch überlegen, **an welchen Theorien sich der Gesetzgeber orientiert** hat:

- Nach der **Interessentheorie** beispielsweise soll der Unterschied darin liegen, dass das Öffentliche Recht dem Schutz öffentlicher Interessen, das Privatrecht dem Schutz privater Interessen dient.

Dies ist zwar tendenziell richtig, eine exakte Abgrenzung ist mit diesem Kriterium aber nicht möglich: Zweifellos hat eine Unternehmer*in ein erhebliches privates Interesse an der Erlangung einer Gewerbeberechtigung (das Gewerberecht, das Regelungen über das Erlangen einer Gewerbeberechtigung enthält, könnte also mit dieser Begründung dem Privatrecht zugeordnet werden).

Es besteht aber vor allem auch ein öffentliches Interesse daran, den Berufszugang und die Berufsausübung in bestimmten gewerblichen Bereichen zu regeln (etwa Schutz der Konsumentinnen und Konsumenten, der Gewerbetreibenden, der Qualitätssicherung, der Gesundheit und der Umwelt).

Genauere Überlegungen zeigen, dass fast jede Regelung sowohl dem privaten als auch dem öffentlichen Interesse dient; es steht bloß manchmal der eine, dann der andere Aspekt im Vordergrund.

- Nach der **Subjektionstheorie** soll der Unterschied darin liegen, dass es im Öffentlichen Recht juristische Herrschaftsverhältnisse (Über- und Unterordnung) gibt, im Privatrecht Gleichordnung.

Auch dies ist tendenziell richtig; im Öffentlichen Recht gibt es typischerweise einseitige Rechtsakte (zB Erlassung von Verordnungen und Bescheiden). Im Privatrecht werden Normen typischerweise durch zweiseitige Rechtsakte geschaffen (indem insb Verträge abgeschlossen werden): Dabei sind – zumindest dem Gesetz nach – beide Vertragsparteien gleich berechtigt.

Auch diese Trennung ist jedoch nicht exakt: Auch im Privatrecht gibt es Über- und Unterordnungen und es werden einseitig erlassene Anordnungen erteilt, die zu befolgen sind (etwa im Eltern-Kind-Verhältnis oder bei „Weisungen“ im Arbeitsrecht).

Umgekehrt gibt es auch im Öffentlichen Recht Vereinbarungen zwischen dem Staat und anderen, bei denen der Staat und der andere einander rechtlich gleichgestellt gegenüberstehen – zB „öffentlich-rechtliche Verträge“ wie die Leistungsvereinbarung zwischen dem Bund und Universitäten, in der ua über die Finanzierung der Universität Vereinbarungen getroffen werden, oder Vereinbarungen zwischen Bund und Ländern über „Angelegenheiten ihres Wirkungsbereiches“ („Gliedstaatsverträge“) – etwa über die Errichtung eines Nationalparks.

- Die **Subjektstheorie** stellt darauf ab, ob ein Beteiligter des konkreten Rechtsverhältnisses, der berechtigt oder verpflichtet wird, „imperium“, dh „Hoheitsgewalt“ hat und insoweit „für den Staat“ handelt (wobei diese Theorie in verschiedenen Abwandlungen vertreten wird, die hier nicht näher behandelt werden sollen).

Meist stellt man heutzutage (in einer Art **Kombination** von Subjektionstheorie und Subjektstheorie) darauf ab, **in welcher Form** gehandelt wird.

- Wird Eigentum an einem Grundstück durch einen **hoheitlichen Akt** der Enteignung (etwa in **Form** eines Bescheides, der von einem staatlichen Organ erlassen wird) übertragen, ist dies ein Vorgang des Öffentlichen Rechts – auch wenn eine Entschädigungsleistung erfolgt.
- Wird Eigentum an einem Grundstück auf Grundlage eines **privatrechtlichen Vertrages** übertragen, ist dieser Vorgang dem Privatrecht zuzurechnen, auch wenn das Grundstück an den Staat (zB den Bund) übertragen wird (siehe dazu auch im Teil II – Privatrecht).

Die Gebiete Öffentliches Recht und Privatrecht werden jeweils **weiter untergliedert**.

Traditionell werden zum „Öffentlichen Recht“ insbesondere das Verfassungsrecht, das Verwaltungsrecht, das Strafrecht, aber auch das gerichtliche Organisations- und Prozessrecht gezählt (zur Untergliederung des Privatrechts siehe dazu auch im Teil II – Privatrecht).

Im „alltäglichen“ **juristischen Sprachgebrauch** wird die Bezeichnung „Öffentliches Recht“ aber sehr oft auch als Synonym für Verfassungs- und Verwaltungsrecht (früher auch: „Staatsrecht“) verwendet.

II. AUSGEWÄHLTE GEBIETE DES ÖFFENTLICHEN RECHTS

A. VERFASSUNGS-RECHT	B. VERWALTUNGS-RECHT	C. STRAFRECHT

A. VERFASSUNGSRECHT

1. DIE BEGRIFFE „VERFASSUNGSRECHT" UND „VERFASSUNG"

Das Verfassungsrecht stellt die rechtliche Grundordnung eines Staates dar; es handelt sich dabei um **den politisch bedeutsamsten Teil** einer Rechtsordnung. Nach politischen Umbrüchen wird „die Verfassung" eines Staates oft neu geregelt oder geändert. Die übrigen Rechtsnormen bleiben demgegenüber oft unverändert und werden übernommen (man spricht in diesem Zusammenhang von „**Rechtsüberleitung**").

Man unterscheidet zwischen Verfassungsrecht im materiellen Sinn und Verfassungsrecht im formellen Sinn: Das eine Mal betrachtet man den Inhalt von Regelungen, das andere Mal die Art der Erzeugung (die Form der Regelung).

a. Verfassungsrecht im materiellen Sinn

Der Begriff **Verfassungsrecht im materiellen Sinn** wird verwendet, um Regelungen mit einem bestimmten **Inhalt** zu umschreiben. Unter Verfassungsrecht im materiellen Sinn versteht man Regelungen, die den **Aufbau, die Organisation und die „Machtverteilung" in einem Staat** zum Inhalt haben. Dabei geht es insb um folgende Fragestellungen:

- Welche grundlegenden Prinzipien gelten für den Staatsaufbau?
- Wer ist zur Rechtssetzung ermächtigt? Wer erlässt in welchem Verfahren Gesetze?

- Wer konkretisiert die allgemeinen Anordnungen für den Einzelfall?
- Wer kontrolliert die Einhaltung der Regelungen der Verfassung, der Gesetze, der Anordnungen von Behörden?
- Welche Stellung hat das Staatsoberhaupt?
- Wie ist die Beziehung zu anderen Staaten gestaltet?

b. Verfassungsrecht im formellen Sinn

Der Begriff **„Verfassungsrecht im formellen Sinn“** wird für Regelungen verwendet, die in einem **bestimmten Rechtserzeugungsverfahren**, für das strengere rechtliche Anforderungen als bei „einfachen Gesetzen“ gelten, erzeugt wurden (erhöhte Quoren bei der Abstimmung; vgl dazu auch die Ausführungen zur Gesetzgebung S. 28 ff).

Verfassungsrecht im materiellen Sinn	Verfassungsrecht im formellen Sinn
Inhalt	Form – Rechtserzeugung

In der Regel ist **Verfassungsrecht im materiellen Sinn** nach österreichischem Recht auch **in Form von** Verfassungsgesetzen (**Verfassungsrecht im formellen Sinn**) erlassen. Es gibt aber – auf Grund besonderer verfassungsgesetzlicher Ermächtigung – **Ausnahmen** von diesem Grundsatz. So ist etwa

- die Wahl zum Nationalrat in einem einfachen Bundesgesetz (der **Nationalratswahlordnung** – NRWO) näher geregelt; materiell nicht formell

- nähere Regelungen zur Gesetzgebung des Bundes finden sich im „Bundesgesetz vom 4. Juli 1975 über die **Geschäftsordnung des Nationalrates** (Geschäftsordnungsgesetz 1975)“ – einem einfachen Bundesgesetz;
- nähere Regelungen über die Kundmachung insb von Bundesgesetzen finden sich in einem einfachen Bundesgesetz, dem **„Bundesgesetz über das Bundesgesetzblatt 2004**“;
- ebenso sind nähere Regelungen zum **Volksbegehren,** das ist ein Antrag von Wahlberechtigen, mit dem ein Gesetzgebungsverfahren eingeleitet wird, in einem einfachen Bundesgesetz geregelt (Volksbegehrengesetz 1973) und
- auch die Regelungen über die **Volksabstimmung**, mit der Wahlberechtigte über einen Gesetzesbeschluss abstimmen, finden sich in einem einfachen Gesetz (Volksabstimmungsgesetz 1972);
- weiters werden die Zahl der **Bundesministerien**, ihr Wirkungsbereich und ihre Einrichtung durch einfaches Bundesgesetz geregelt (Bundesministeriengesetz 1986 – BMG);
- nähere Bestimmungen über die Organisation und das Verfahren des **Verfassungsgerichtshofes** werden durch ein einfaches Bundesgesetz – „das Verfassungsgerichtshofgesetz 1953“ (VfGG) – getroffen.

c. Die österreichische Verfassung

Wenn man von „der **österreichischen Verfassung**“ spricht, meint man in der Regel das „**Bundes-Verfassungsgesetz (B-VG)**“. Es wurde 1920 auf Grund von *Hans Kelsens* Vorentwürfen erlassen, 1925 und 1929 wesentlich verändert (novelliert), 1930 wiederverlautbart (weshalb als „Stammfassung“ des Gesetzes BGBl 1930/1 angegeben wird), danach mehrfach geändert, 1934 außer Kraft gesetzt und 1945 wieder in Kraft gesetzt; es ist seitdem ununterbrochen in Geltung, wird aber immer wieder novelliert.

Die Bestimmungen des B-VG werden durch **andere Verfassungsregelungen ergänzt;** insb durch

Formell

- das **„Staatsgrundgesetz** vom 21. 12.
  Staatsbürger für die im Reichsrathe v
  gekürzt: **StGG**). Es regelt – wie der
  der Bürger*innen und gilt seit Inkraftt
  gesetz und

- die Konvention zum Schutze der Me
  oder MRK), die allen Menschen be
  kungen dieser Freiheiten nur unter
  EMRK ist ein völkerrechtlicher Vertrag, dem Österreich 1958 beigetreten ist.
  Innerstaatlich gilt die EMRK als Bundesverfassungsgesetz (BVG).

Die österreichische Bundesverfassung kennt keine Verpflichtung, alle Verfassungsbestimmungen in einer Urkunde zu normieren (enthält also **kein Inkorporationsgebot)**. Art 44 Abs 1 B-VG normiert vielmehr:

> „Verfassungsgesetze oder in einfachen Gesetzen enthaltene Verfassungsbestimmungen können vom Nationalrat nur in Anwesenheit von mindestens der Hälfte der Mitglieder und mit einer Mehrheit von zwei Dritteln der abgegebenen Stimmen beschlossen werden; sie sind als solche („Verfassungsgesetz", „Verfassungsbestimmung") ausdrücklich zu bezeichnen."

Daher finden sich im österreichischen Recht auch **andere „Verfassungsgesetze"** (zB das Bundesverfassungsgesetz vom 26. Oktober 1955 über die Neutralität Österreichs) und **Verfassungsbestimmungen in einfachen Bundesgesetzen** – also Gesetze und Bestimmungen, die in der für Bundesverfassungsrecht bestimmten „Form" erzeugt wurden. Sie sind besonders als „Verfassungsbestimmung" gekennzeichnet und normieren in der Regel Ausnahmen von Bestimmungen des B-VG. (zB wenn für bestimmte Angelegenheiten, die an sich Landessache sind, bundesverfassungsgesetzliche Zuständigkeiten geschaffen werden sollen).

2. GRUNDPRINZIPIEN DER ÖSTERREICHISCHEN BUNDESVERFASSUNG

Wir haben Rechtsnormen als Normen definiert, die von einer staatlichen Autorität gesetzt wurden und allenfalls mit Hilfe staatlicher Zwangsmaßnahmen durchgesetzt werden sollen. Rechtsnormen sind also mit staatlicher Machtausübung verbunden. Die Verfassung regelt einerseits,

- wer diese **Macht im Staat** ausüben soll, sieht aber auch Kontrollmechanismen vor, um **Machtmissbrauch** zu **verhindern**.
- Andererseits soll die **Freiheit** der Menschen (der Normadressat*innen – oder im Hinblick auf die Machtausübung formuliert: der Rechtsunterworfenen), auch wenn sie Rechtsnormen befolgen sollen, größtmöglich bestehen bleiben und **abgesichert werden**.

Um das zu garantieren, gibt es verschiedene „Prinzipien", auf denen die österreichische Verfassung aufbaut; wir sprechen auch von **Grundprinzipien** oder **Baugesetzen der Verfassung**. Die Grundprinzipien stehen nicht isoliert nebeneinander, **ihre Funktionen greifen** vielmehr **ineinander** (vgl zB gleich die Ausführungen zum rechtsstaatlichen Grundprinzip oder die Ausführungen zur Gesetzgebung).

Zwei dieser Prinzipien dienen **vor allem der Aufteilung der staatlichen Gewalt**: Es sind diese das gewaltentrennende Grundprinzip und das bundesstaatliche Grundprinzip:

- Nach dem **gewaltentrennenden Grundprinzip** ist die „Staatsgewalt" nicht zentriert, sondern organisatorisch getrennt; die Staatsfunktionen sind auf verschiedene Organe aufgeteilt. Orientiert am klassischen Gewaltentrennungskonzept von *Montesquieu* teilt das B-VG die Staatsgewalt organisatorisch zwischen **Gesetzgebung** (Legislative), **Verwaltung** (Exekutive) und **Gerichtsbarkeit** (Judikative) und weist diesen Gewalten bestimmte Aufgaben zu (die Staatsgewalten Verwaltung und Gerichtsbarkeit werden auch unter dem Begriff „Vollziehung" zusammengefasst). Da eine Trennung allein die Möglichkeit des Machtmissbrauchs zwar verringern, nicht aber verhindern könnte, wird die Trennung durch ein **System der wechselseitigen Abhängigkeit und Kontrolle** ergänzt. Mit einem Begriff aus dem anglo-amerikanischen Rechtsraum

spricht man auch von **checks and balances** (siehe ebenfalls Oberste Organe S. 39 ff:)

- Auch das **bundesstaatliche Grundprinzip** sieht, wie das gewaltenteilende, eine Aufteilung der staatlichen Funktionen vor – allerdings zwischen dem **Bund** und den **Ländern** (Bundesländern). So gibt es insb Bundes- und Landesgesetzgebungsorgane sowie Organe der Bundesverwaltung und Organe der Landesverwaltung. Die Gerichtsbarkeit ist überwiegend Bundessache und wird von Bundesorganen ausgeübt; lediglich die Landesverwaltungsgerichte sind Landesorgane. Auch hier finden sich wechselseitige Beziehungen, wobei man in diesem Zusammenhang allerdings nicht von checks and balances spricht.

Zwei andere Prinzipien dienen vor allem der **Freiheitssicherung**: das demokratische Grundprinzip und das liberale Grundprinzip:

- Ziel des **demokratischen Grundprinzips** ist es, die Selbstbestimmung und Freiheit des Einzelnen bzw so vieler Einzelner wie möglich, dadurch zu sichern, dass Menschen nur an solche **Normen gebunden sind, die sie selbst erlassen haben**. Die Idee der Demokratie wäre am besten verwirklicht, wenn jeder Normunterworfene an jedem Normsetzungsakt beteiligt wäre (**unmittelbare** oder **direkte Demokratie**). Auch nach diesem System gibt es allerdings Mehrheiten, die Minderheiten dominieren. Da eine unmittelbare Demokratie in einer komplexen Gesellschaft und einem Rechtsstaat (siehe gleich unten) umfassend nicht mehr praktikabel ist, wird die Idee der Demokratie heute zumeist in Form der **mittelbaren Demokratie** umgesetzt. Dabei wählt das Volk Repräsentantinnen und Repräsentanten, die ermächtigt sind, Normen zu erlassen. In der österreichischen Verfassung ist ein System der mittelbaren Demokratie normiert, das durch direktdemokratische Elemente ergänzt wird (siehe die Ausführungen zum Gesetzgebungsverfahren S.28 ff).
- Das **liberale Grundprinzip** garantiert dem Einzelnen eine gewisse **„Freiheit vom Staat“**, in die der Staat nicht oder nur unter bestimmten Voraussetzungen eingreifen darf (vgl Grund- und Freiheitsrechte S. 52 ff).

Diese Prinzipien werden durch **zwei weitere ergänzt**:

- Das **rechtsstaatliche Grundprinzip** dient sowohl der Freiheitssicherung als auch der Kontrolle der Ausübung staatlicher Macht.

    - Einerseits soll die Freiheit der Einzelnen dadurch sichergestellt werden, dass **alle staatlichen Akte auf Gesetzen basieren:**

        - der **Gesetzgeber** ist an die **Verfassung gebunden,**
        - die **Vollziehung** ist an die **Gesetze gebunden** (Legalitätsprinzip; siehe ebenfalls die Ausführungen zur Gesetzesbindung S. 47 ff).

Da die staatlichen Akte dadurch auf den Willensakten der durch das Volk gewählten Vertreter*innen basieren müssen, besteht ein Zusammenhang mit dem demokratischen Grundprinzip.

    - Andererseits sind staatliche Akte durch unabhängige **Rechtsschutzeinrichtungen** überprüfbar, wobei auch einzelne Personen die Möglichkeit haben, Rechtsschutzverfahren einzuleiten.

- Schließlich kennt die österreichische Bundesverfassung auch das **republikanische Grundprinzip**. Dieses bezieht sich auf die Stellung des Staatsoberhauptes, dessen Macht beschränkt wird. Als Republik wird – im Gegensatz zur Monarchie – ein Staat qualifiziert, an dessen Spitze ein

    - gewähltes Staatsoberhaupt steht,
    - dessen Amtsdauer zeitlich beschränkt ist und 6 Jahre
    - das für seine Amtsführung verantwortlich ist. VGH verantwortlich

Aufteilung der staatlichen Gewalt	
Gewaltentrennendes Grundprinzip	Bundesstaatliches Grundprinzip

Freiheitssicherung	
Demokratisches Grundprinzip	Liberales Grundprinzip

Weitere Grundprinzipien	
Rechtsstaatliches Grundprinzip	Republikanisches Grundprinzip

Die Grundprinzipien der österreichischen Bundesverfassung sind **nicht nur Staatsideen**, die den verfassungsrechtlichen Regelungen zu Grunde liegen. Verfassungsrechtlich bedeutend ist, dass **Grundprinzipien verfassungsrechtlich vor Abänderung besonders geschützt sind**. Sie sind von der Form her betrachtet, die höchstrangigsten Normen im österreichischen Verfassungsrecht (siehe auch die Ausführungen zum Stufenbau nach der derogatorischen Kraft S. 117 ff).

> Art 44 Abs 3 B-VG bestimmt, dass jede **„Gesamtänderung der Bundesverfassung“** einer Abstimmung des gesamten Bundesvolkes (Volksabstimmung) zu unterziehen ist. (Diese Volksabstimmung stellt ein unmittelbar demokratisches Element dar.)

Der **Begriff „Gesamtänderung“** wird dabei nicht quantitativ verstanden, sondern **qualitativ**: Eine „Gesamtänderung“ liegt vor, wenn ein Grundprinzip geändert wird. Eine solche „Gesamtänderung“ hat nicht nur durch Verfassungsrecht (im formellen Sinn) zu erfolgen, sondern es hat in diesen Fällen **zusätzlich obligatorisch** eine **Volksabstimmung** stattzufinden.

Die konkrete Ausgestaltung der Grundprinzipien erfolgt durch einzelne Regelungen der Verfassung. Man kann nicht immer genau sagen, **wann eine Gesamtänderung und wann bloß eine Teiländerung** der Verfassung erfolgt:

> Zum Beispiel bestimmt Art 60 Abs 5 B-VG: *„Das Amt des Bundespräsidenten dauert sechs Jahre. Eine Wiederwahl für die unmittelbar folgende Funktionsperiode ist nur einmal zulässig*“. Diese Regelung des B-VG konkretisiert das republikanische Grundprinzip.
>
> Soll nun die Amtsdauer des Bundespräsidenten auf sieben Jahre (also um ein Jahr) verlängert werden, erfolgt damit keine Gesamtänderung des republikanischen Grundprinzips, sondern nur eine Teiländerung der Verfassung, da die Amtsperiode nur geringfügig verlängert wird, sodass Neuwahlen in absehbarer Zeit möglich sind und die Bürger*innen Einfluss auf die Bestellung des Staatsoberhauptes hat.
>
> Soll die Amtsperiode auf 70 Jahre verlängert werden, erfolgt damit ein Eingriff in das republikanische Grundprinzip, weil zwar die Amtsdauer zeitlich beschränkt ist, aber innerhalb dieser langen Zeitspanne keine Möglichkeit einer neuerlichen Wahl und damit einer Einflussnahme besteht.
>
> Man kann aber nicht genau sagen, ab welcher zeitlichen Verlängerung der Amtsperiode (ab 10, 12, 15, 20 Jahren) ein Eingriff in das republikanische Grundprinzip erfolgt.
>
> Nun könnte man die Amtsdauer immer wieder „nur“ um ein Jahr ändern und dies so lange tun, bis man die Amtsdauer insgesamt um 20 Jahre verlängert hat. Man spricht in einem solchen Fall von „schleichender Gesamtänderung“;

dh die Änderung (Verlängerung um ein weiteres Jahr) dürfte irgendwann auch nur durch gesamtänderndes Bundesverfassungsgesetz erfolgen.

In der Folge wird die verfassungsrechtliche Ausgestaltung der Grundprinzipien näher dargestellt.

3. GESETZGEBUNG

Die wesentliche **Funktion** der Staatsgewalt Gesetzgebung ist die Erlassung von (generell-abstrakten) Regelungen in Gesetzesform.

Die Gesetzgebungsorgane **des Bundes** sind

- der **Nationalrat** und
- der **Bundesrat**

(man spricht daher vom „Zweikammernsystem"; Art 24 ff B-VG);

die Gesetzgebungsorgane **der Länder** sind

- die **Landtage** („Einkammernsystem"; Art 95 ff B-VG).

Die „Staatsgewalt Gesetzgebung" ist also nach dem bundesstaatlichen Grundprinzip zwischen Bund und Ländern aufgeteilt.

Das demokratische Grundprinzip wird vor allem im Bereich der Gesetzgebung verwirklicht: Die österreichische Bundesverfassung sieht für die Gesetzgebung des Bundes und der Länder grundsätzlich das System einer **mittelbaren Demokratie** vor (**Wahl der Repräsentanten, die dann für das Volk den Willen bilden**). Das System wird durch **Elemente der direkten Demokratie** ergänzt (Volksbegehren, Volksabstimmung, Volksbefragung – siehe dazu S. 28 ff).

a. Nationalrat

Der **Nationalrat** besteht aus 183 Abgeordneten, die für die Dauer von fünf Jahren („**Legislaturperiode**") gewählt werden (vgl Art 26 ff B-VG; § 1 NRWO).

Nach Art 26 Abs 1 B-VG sind die Mitglieder des Nationalrats vom **Bundesvolk zu wählen** (**aktives Wahlrecht**), dh von österreichischen Staatsbürger*innen (§ 21 NRWO), sofern diese am Wahltag das 16. Lebensjahr vollendet haben und nicht vom Wahlrecht ausgeschlossen sind (wegen bestimmter strafrechtlicher Verurteilungen, Art 26 Abs 5 B-VG).

Wählbar (**passives Wahlrecht**) sind die zum Nationalrat Wahlberechtigten, die am Stichtag die österreichische Staatsbürgerschaft besitzen und am Wahltag das 18. Lebensjahr vollendet haben.

Für die Wahl zum Nationalrat normiert die Verfassung bestimmte **Wahlgrundsätze**. Diese sind auch für andere Wahlen (zB Landtagswahlen, zT Bundespräsidentenwahl) anwendbar.

Im Hinblick darauf, dass grundsätzlich alle österreichische Staatsbürger*innen ab einem bestimmten Alter **wahlberechtigt** bzw **wählbar** sind, spricht man auch davon, dass für die Wahl zum Nationalrat der Grundsatz des „**allgemeinen Wahlrechts**" gilt.

Neben dem Grundsatz des allgemeinen Wahlrechts, der aus den Regelungen des Art 26 B-VG abgeleitet wird, legt die Verfassung in Art 26 Abs 1 B-VG bestimmte Grundsätze des Wahlrechts ausdrücklich fest: Der Nationalrat ist auf Grund des

- gleichen,
- unmittelbaren,
- persönlichen,
- freien,
- geheimen Wahlrechts
- und nach den Grundsätzen der Verhältniswahl zu wählen.

Der Grundsatz des **gleichen Wahlrechts** besagt, dass jede Stimme den gleichen Zählwert hat. Jede Stimme zählt also einmal, keine Stimme zählt zB doppelt oder dreifach.

Nach dem Grundsatz des **unmittelbaren Wahlrechts** hat die Wahl der Abgeordneten des Nationalrats unmittelbar durch die Wahlberechtigten selbst – ohne dass andere Gremien zwischengeschaltet sind – zu erfolgen. Unzulässig wäre daher ein „Wahlmännersystem", wie es die USA bei der Präsidentschaftswahl kennt.

Die Wahl hat durch die **Wahlberechtigten persönlich** (nicht etwa durch eine Stellvertreter*in) zu erfolgen.

Der Grundsatz des **freien Wahlrechts** besagt, dass sicherzustellen ist, dass die Wahlberechtigten ihre Entscheidung ohne Zwang und ohne unsachliche Beeinflussung treffen können sollen.

Der Grundsatz des **geheimen Wahlrechts** gebietet, dass die Stimmabgabe so erfolgen muss, dass niemand (Private oder der Staat) sich Kenntnis über den Inhalt der individuellen Stimmabgabe verschaffen kann.

Der Grundsatz der **Verhältniswahl** bedeutet, dass die Verteilung der Mandate auf die wahlwerbenden Parteien nach dem Verhältnis der abgegebenen Stimmen zu erfolgen hat. Man spricht daher auch von „Proportionalwahlrecht". Dieses steht im Gegensatz zu dem „Mehrheitswahlrecht", wie dies beispielsweise die USA kennt.

b. Bundesrat

Der **Bundesrat** besteht aus derzeit 61 Mitgliedern, wobei jedes Land eine bestimmte Anzahl von Mitgliedern, die **vom jeweiligen Landtag gewählt** werden, entsendet (vgl Art 34 ff B-VG; deshalb wird der Bundesrat auch als **„Länderkammer"** bezeichnet). Die Mitglieder des Bundesrates müssen nicht dem Landtag angehören, der sie entsendet; sie müssen jedoch zu diesem Landtag wählbar sein.

Die Mitglieder des jeweiligen Landes werden nach der jeweiligen Landtagswahl neu entsendet. Da die Landtagswahlen zu unterschiedlichen Zeitpunkten stattfinden, gibt es keine Gesamterneuerung des Bundesrates nach einer gewissen Zeit (also keine Legislaturperioden), sondern bloß eine **„Partialerneuerung"** (somit eine teilweise Erneuerung).

c. Landtage

Die **Landtage** werden von den **Landesbürger*innen** nach dem **Verhältniswahlprinzip** gewählt. Die Staatsbürger*innen, die in einem Land den Hauptwohnsitz haben, sind dessen Landesbürger*innen; die Landesgesetze können jedoch vorsehen, dass auch Staatsbürger*innen, die in einem Land einen Wohnsitz, nicht aber den Hauptwohnsitz haben, dessen Landesbürger*innen sind (Art 6 Abs 2 B-VG).

Die **Legislaturperiode** der Landtage wird durch die jeweilige **Landesverfassung** festgelegt. Die Landesverfassungen orientieren sich dabei (wohl auch im Hinblick auf das demokratische Grundprinzip) in etwa an der Dauer der Legislaturperiode des Nationalrates.

d. Die Sicherung der Unabhängigkeit der Abgeordneten

Durch verschiedene Regelungen versucht die Verfassung die Unabhängigkeit der Abgeordneten zu sichern. Diese betreffen

- das freie Mandat,
- die Immunität und
- die Inkompatibilität.

Die Mitglieder des Nationalrates und des Bundesrates (Art 56 Abs 1 B-VG) sowie die Mitglieder der Landtage sind Träger*innen eines sogenannten „**freien Mandats**", dh sie sind bei der Ausübung dieses Berufes an keinen Auftrag gebunden. Das hängt auch damit zusammen, dass die Abgeordneten das gesamte Volk, nicht nur die wahlwerbenden Partei, der sie angehören, vertreten sollen. Der sogenannte „Klubzwang", mit dem sichergestellt werden soll, dass Angehörige eines Klubs einer wahlwerbenden Partei, in einer Angelegenheit gleich abstimmen, hat also keine rechtliche Grundlage.

Weiters genießen sie **Immunität** (vgl näher die Regelungen in Art 57 B-VG); wobei man zwischen der sogenannten

- beruflichen Immunität und
- der außerberuflichen Immunität unterscheidet.

Die berufliche Immunität bedeutet:

- für **Abstimmungen** dürfen Abgeordnete nicht rechtlich verantwortlich gemacht werden,
- für **Äußerungen „in diesem Beruf“** (zB während einer Nationalratssitzung) dürfen Sie im Prinzip nur **vom Gesetzgebungsorgan** zur Verantwortung gezogen werden. Dies kann mittels eines Rufes zur Ordnung, eines Rufes zur Sache oder durch Entzug des Wortes erfolgen.

Darüber hinaus besteht „**außerberufliche Immunität**“:

- **Verhaftungen und Hausdurchsuchungen** bedürfen der Zustimmung des Gesetzgebungsorgans, außer bei Ergreifung auf frischer Tat bei Verübung eines Verbrechens.
- Sonstige **behördliche Verfolgungen** dürfen nur mit Zustimmung des Gesetzgebungsorgans vorgenommen werden, außer die Handlung, wegen der die Verfolgung stattfinden soll, steht offensichtlich in keinem Zusammenhang mit der politischen Tätigkeit.

Bestimmte Funktionen sind mit der Stellung eines Abgeordneten unvereinbar (man spricht von **Inkompatibilität;** zB die Funktion des Bundespräsidenten mit der gleichzeitigen Mitgliedschaft im Verfassungsgerichthof oder Verwaltungsgerichtshof). Keine Inkompatilität liegt zwischen der Mitgliedschaft in der Bundesregierung und einem Mandat im Nationalrat vor; es ist allerdings nicht üblich, dass Regierungsmitglieder auch im Nationalrat vertreten sind.

e. Die Kompetenzverteilung

Da die Verfassung die Gesetzgebung zwischen Bund und Ländern aufteilt, muss normiert werden, wer für welche Angelegenheiten zuständig ist. Ob dies Bund oder Länder sind (Kompetenzverteilung), regelt das B-VG in den Kompetenzbestimmungen (insb in den Art 10 – 15 B-VG), wobei hier nicht nur die Kompetenz zur Gesetzgebung, sondern auch zur Vollziehung normiert wird.

Dabei werden zunächst die Angelegenheiten („Materien“) **taxativ** aufgezählt, für die

- entweder der **Bund** zur Gesetzgebung und Vollziehung zuständig ist (Art 10 B-VG; zB Gewerberecht, Verkehrswesen bezüglich Eisenbahnen, Wasserrecht, Forstwesen, Denkmalschutz, Privatrecht),
- für die der **Bund** zur Gesetzgebung, die **Länder** zur Vollziehung zuständig sind (Art 11 B-VG; zB Staatsbürgerschaft) und
- für die der **Bund** zur Grundsatzgesetzgebung, die **Länder** zur Ausführungsgesetzgebung und Vollziehung zuständig sind (Art 12 B-VG; zB Heil- und Pflegeanstalten).
- Art 15 Abs 1 B-VG enthält eine **Generalklausel zugunsten der Länder**: „Soweit eine Angelegenheit nicht ausdrücklich durch die Bundesverfassung der Gesetzgebung oder auch der Vollziehung des Bundes übertragen ist, verbleibt sie im selbständigen Wirkungsbereich der Länder". Freilich gibt es dabei immer wieder Abgrenzungsfragen:

> So obliegt die Regelung des Verkehrswesens bezüglich der Eisenbahnen nach Art 10 Abs 1 Z 9 B-VG dem Bundesgesetzgeber, die Regelung von baurechtlichen Angelegenheiten fällt nach der Generalklausel des Art 15 Abs 1 B-VG in die Kompetenz des Landesgesetzgebers. Rechtlich zu klären ist damit aber, ob zB die Gesetzgebung und Vollziehung für bauliche Angelegenheiten von Bahnhöfen in die Zuständigkeit des Bundes oder der Länder fällt – wir sagen auch: ob eine Bundes- oder Landeskompetenz (zur Gesetzgebung) vorliegt.

f. Gesetzgebungsverfahren

Die Verfassung enthält insb nähere Regelungen über das **Gesetzgebungsverfahren des Bundes**. Wesentliche Regelungen enthält das B-VG selbst; zum Teil werden Regelungen aber auf Grund besonderer bundesverfassungsgesetzlicher Ermächtigung auch in einfachen Bundesgesetzen getroffen, die als Verfassungsrecht im materiellen Sinn zu qualifizieren sind (vgl S. 14 ff).

Im Zusammenhang mit dem Gesetzgebungsverfahren des Bundes sieht die Verfassung auch **direkt demokratische Elemente** vor, die das System der mittelbaren Demokratie ergänzen:

- Das **Volksbegehren:** Ein Gesetzesantrag, der direkt durch die Wahlberechtigten gestellt wird (100.000 Stimmberechtigte oder je ein Sechstel der Stimmberechtigten dreier Bundesländer). Er verpflichtet das Gesetzgebungsorgan ein Gesetzgebungsverfahren einzuleiten, nicht jedoch, den Antrag zu beschließen.
- Die **Volksabstimmung:** Eine direkte Abstimmung der Wahlberechtigten über einen Gesetzesbeschluss, der von den gewählten Gesetzgebungsorganen gefasst wurde. Wird gegen den Beschluss gestimmt, kann der Beschluss nicht Gesetz werden. Eine Volksabstimmung ist obligatorisch durchzuführen, wenn in ein Grundprinzip eingegriffen oder es geändert werden soll.
- In gewissem Sinn zählt auch die Volksbefragung zu den direkt demokratischen Elementen. Dabei werden die Wahlberechtigten über Angelegenheiten, die in die Kompetenz des Gesetzgebungsorgans fallen, befragt, ohne dass mit dem Ergebnis der Befragung rechtlich bindende Konsequenzen verknüpft sind. Daher zählt sie nicht zum Gesetzgebungsverfahren im eigentlichen Sinn.

Entsprechende Instrumente der direkten Demokratie werden für den Bereich der Landesgesetzgebung in den Landesverfassungen aber auch auf Gemeindeebene vorgesehen.

Das **Gesetzgebungsverfahren des Bundes** hat grundsätzlich (es bestehen auch Sonderregelungen für bestimmte Gesetze) in bestimmten – im Folgenden behandelten – **Verfahrensschritten** zu erfolgen:

1. Die Einleitung eines Gesetzgebungsverfahrens des Bundes erfolgt durch einen Antrag; ein solcher Gesetzesantrag kann

   - von der Bundesregierung („Regierungsvorlage"),
   - von Mitgliedern des Nationalrates („Gesetzesinitiative"),
   - von zumindest einem Drittel der Mitglieder des Bundesrates oder
   - durch einen Teil des Bundesvolkes („Volksbegehren"),

   gestellt werden (Art 41 B-VG).

2. Die Behandlung der Gesetzesanträge im Nationalrat erfolgt in einem genau geregelten Verfahren. Im Regelfall ist jeder Gesetzesantrag einem Ausschuss des Nationalrates zuzuweisen, der einen „Ausschussbericht" erstattet.

Das **Plenum** kann dann einen **Gesetzesbeschluss** fassen. Für die Beschlussfassung sind verschiedene Quoren (**Präsensquoren und Konsensquoren**) erforderlich:

- Zur Beschlussfassung über ein **einfaches Gesetz** muss mindestens ein Drittel der Abgeordneten anwesend („präsent“ = Präsensquorum) sein; die absolute Mehrheit (dh mehr als die Hälfte) der von den Anwesenden abgegebenen Stimmen muss zustimmen („Konsens“ = Konsensquorum; Art 31 B-VG: „unbedingte Mehrheit der abgegebenen Stimmen“.

- Zur Beschlussfassung über ein **Verfassungsgesetz** oder eine Verfassungsbestimmung muss mindestens die Hälfte der Abgeordneten anwesend sein; zwei Drittel der von den Anwesenden abgegebenen Stimmen müssen zustimmen; das Verfassungsgesetz bzw die Verfassungsbestimmung ist als solche ausdrücklich zu bezeichnen („Verfassungsgesetz“, „Verfassungsbestimmung“; Art 44 Abs 1 B-VG).

3. Gesetzesbeschlüsse des Nationalrates sind im Allgemeinen dem Bundesrat zu übermitteln;

   - der Bundesrat hat im Regelfall nur die Möglichkeit, **Einspruch** zu erheben (**suspensives Veto**; Art 42 B-VG).

   - In bestimmten Fällen hat der Bundesrat überhaupt **keine Mitwirkungsmöglichkeit** (zB Geschäftsordnungsgesetz des Nationalrates).

   - In anderen Fällen muss er **zustimmen** (zB Abänderung der Verfassungsbestimmungen über den Bundesrat, Verfassungsregelungen, durch die die Zuständigkeit der Länder in Gesetzgebung oder Vollziehung eingeschränkt wird). Wird die Zustimmung nicht erteilt, darf das Gesetzgebungsverfahren nicht fortgesetzt werden.

Die Mitwirkung des Bundesrates im Gesetzgebungsverfahren des Bundes ist Ausfluss des bundesstaatlichen Grundprinzips.

Im Falle eines Einspruchs des Bundesrates kann der Nationalrat einen „**Beharrungsbeschluss**“ fassen, dh denselben Beschluss bei Anwesenheit von mindestens der Hälfte der Nationalratsabgeordneten nochmals fassen; damit

ist der Einspruch des Bundesrates „überwunden“ und das Gesetzgebungsverfahren läuft weiter.

4. Ist eine Volksabstimmung durchzuführen (insb weil Grundprinzipien geändert werden sollen), erfolgt nach der Befassung des Bundesrates das Volksabstimmungsverfahren. In einer Volksabstimmung entscheidet die „unbedingte Mehrheit der abgegebenen Stimmen“ (Art 45 Abs 1 B-VG) darüber, ob ein Gesetzesbeschluss angenommen wird.

5. Nach dem Verfahren im Bundesrat bzw nach einem Beharrungsbeschluss oder wenn der Gesetzesbeschluss durch Volksabstimmung angenommen wurde,

   - ist der Gesetzesbeschluss vom Bundeskanzler dem **Bundespräsidenten zur Beurkundung** vorzulegen.

   - Der Bundespräsident hat das „verfassungsmäßige Zustandekommen“ des Gesetzesbeschlusses zu prüfen (Art 47 Abs 1 B-VG) und ist bejahendenfalls zu dessen Beurkundung durch seine Unterschrift verpflichtet. Darunter wird nach herrschender Lehre verstanden, dass alle formellen Voraussetzungen eingehalten wurden; eine inhaltliche Prüfung ist nicht vorgesehen.

   - Die Unterschrift des Bundespräsidenten ist vom **Bundeskanzler** durch seine Unterschrift „**gegenzuzeichnen**“ (Echtheitsbeglaubigung; Art 47 Abs 3 B-VG).

6. Danach hat der Bundeskanzler unverzüglich für die Kundmachung des Gesetzesbeschlusses im Bundesgesetzblatt zu sorgen. Die Einbindung der Verwaltungsorgane Bundeskanzler und Bundespräsident ist Ausfluss des gewaltentrennenden Grundprinzips im Sinne der checks and balances.

Die (authentische) Kundmachung im **Bundesgesetzblatt** erfolgt seit 2004 nicht mehr in Papierform, sondern elektronisch im Rechtsinformationssystem des Bundes unter der Internetadresse www.ris.bka.gv.at. Seit 1997 ist das Bundesgesetzblatt in drei Teile gegliedert: Teil I dient im Wesentlichen der Kundmachung von Bundesgesetzen, Teil II der Kundmachung von Verordnungen des Bundes und Teil III der Kundmachung von Staatsverträgen des Bundes.

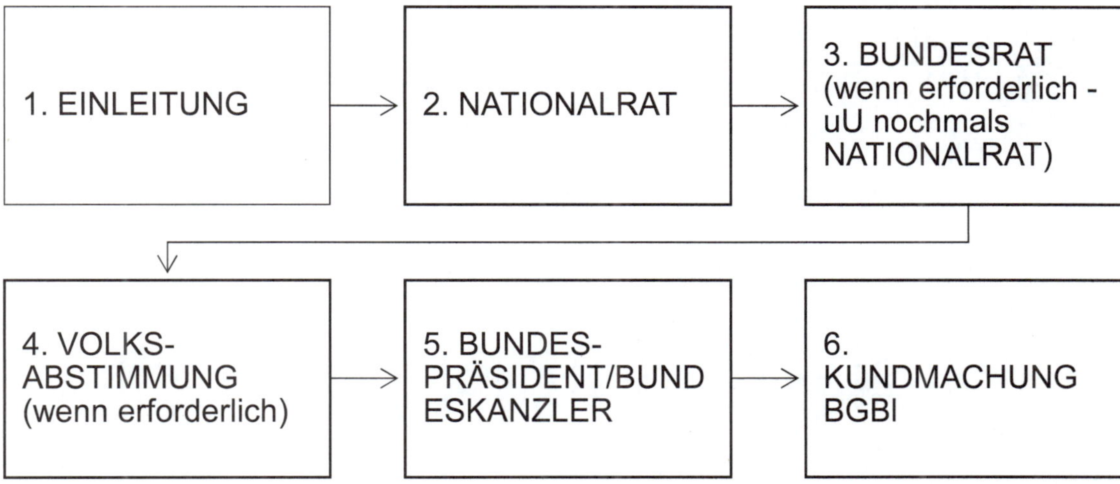

Das B-VG enthält nur bestimmte Vorgaben für das **Gesetzgebungsverfahren der Länder**.

Nähere Regelungen über die Landesgesetzgebung enthalten insb die **Landesverfassungen** oder einfache Landesgesetze. Diese dürfen keine der Bundesverfassung widersprechenden Regelungen enthalten. Wenn keine bundesverfassungsgesetzlichen Regelungen bestehen, dürfen die Landesverfassungen diese Angelegenheiten der Länder frei regeln (**relative Verfassungsautonomie der Länder**; Art 99 Abs 1 B-VG).

> So enthält das B-VG zwar die Regelung, dass jedes Land einen Landtag haben muss, aber keine Regelungen über die Anzahl der Landtagsabgeordneten. Die Zahl der Landtagsabgeordneten darf daher in den Landesverfassungen frei geregelt werden. Ebenso enthält das B-VG keine ausdrückliche Regelung über die Dauer der Legislaturperiode der Landtage, diese kann daher in den Landesverfassungen festgelegt werden. In diesem Fall ergibt sich allerdings eine Beschränkung der Möglichkeit durch das demokratische Grundprinzip.

Über das Gesetzgebungsverfahren der Länder enthält das B-VG die Regelungen, dass für das Zustandekommen eines **Landesgesetzes**

- ein Beschluss des **Landtages**,

(Ähnlich wie im Bereich des Bundes sind verschiedene Quoren für Landesverfassungsgesetze und einfache Landesgesetze vorgesehen (Art 99 Abs 2 B-VG).

- seine Beurkundung und
- dessen **Kundmachung im Landesgesetzblatt** durch den Landeshauptmann erforderlich (Art 97 Abs 1 B-VG) ist.

g. Geltung und Inkrafttreten

Mit der **Kundmachung** wird das Gesetz rechtlich existent – es hat **Geltung** (oder: es gilt), dh es ist Bestandteil der Rechtsordnung (siehe auch die Ausführungen zum zeitlichen Geltungsbereich von Normen S. 110 ff).

Gesetze des Bundes **treten** nach Art 49 Abs 1 B-VG mit dem der Kundmachung folgenden Tag **in Kraft** – wenn nicht anderes angeordnet ist. Wenn es in Kraft getreten ist bedeutet dies, dass das Gesetz **auf solche Sachverhalte Anwendung findet**, die sich ab dem Tag des Inkrafttretens ereignen (siehe auch S. 110 ff).

> Zum Beispiel: Ein Bundesgesetz schreibt eine bestimmte Ausrüstung für Kraftfahrzeuge verpflichtend vor. Das Bundesgesetz wird am 13. September im Bundesgesetzblatt kundgemacht. Demnach gilt es ab 13. September und tritt, wenn nichts anderes angeordnet ist, ab 14. September in Kraft. Das bedeutet, dass ab 14. September alle Kraftfahrzeuge nach den Regelungen des Gesetzes ausgestattet sein müssen und Sanktionen verhängt werden sollen, wenn dies nicht der Fall ist.

Es ist zulässig, dass ein Gesetz über sein Inkrafttreten selbst eine besondere Regelung enthält; eine solche kann ein **späteres Inkrafttreten (Legisvakanz) oder eine Rückwirkung** vorsehen (siehe ebenfalls S. 110 ff).

- Bei der Anordnung einer **Legisvakanz** wird die Anwendbarkeit einer Norm ab einem späteren Zeitpunkt, als den der Kundmachung folgenden Tag, normiert.

> Normiert das Gesetz über die Ausrüstung von Kraftfahrzeugen, dass es erst am 1. Dezember in Kraft tritt, gilt es zwar bereits am 13. September, die Kraftfahrzeuge müssen aber erst mit 1. Dezember die entsprechende Ausrüstung haben und es dürfen bzw müssen erst ab diesem Zeitpunkt Sanktionen verhängt werden.

Freilich kann ein Gesetz auch anordnen, dass die Regelung zwar schon zu einem früheren Zeitpunkt in Kraft tritt (in unserem Beispiel am 1. Dezember), aber Rechtsfolgen erst zu einem späteren Zeitpunkt gesetzt werden sollen (etwa erst am 1. März des Folgejahres).

Auf Grund einer solchen Anordnung fallen **Bedingungsbereich und Rechtsfolgenbereich** auseinander.

> Die Kraftfahrzeuge müssen daher bereits am 1. Dezember umgerüstet sein (Bedingungsbereich), Strafen dürften aber erst ab 1. März des Folgejahres verhängt werden (Rechtsfolgenbereich).

- Von **Rückwirkung** (spricht man dann, wenn das Gesetz auf Sachverhalte anzuwenden ist, die sich bereits vor seiner Kundmachung ereignet haben.

> Eine Rückwirkung liegt vor, wenn das Bundesgesetz über die Ausrüstung von Kraftfahrzeugen, das am 13. September kundgemacht wird, anordnet, dass es (bereits) am 1. Juli in Kraft tritt.

← Rückwirkung Legisvakanz →

_________I_____________________I__________________________I_____

1.7. 13.9. Kundmachung 1.12.

An diesem Beispiel wird die **Problematik von rückwirkenden Gesetzen** deutlich. Die betroffene Kraftfahrzeughalter*in konnte am 1. Juli (dem Zeitpunkt, ab dem ihr Handeln nach den erst später erlassenen Regelungen zu beurteilen ist), nicht wissen, ob und wie später ein Gesetz dieses Handeln erfassen würde. Die Vorhersehbarkeit der Rechtsfolgen ist damit nicht gegeben.

Daher bestimmt Art 7 EMRK, dass niemand „wegen einer Handlung oder Unterlassung verurteilt werden [darf], die **zur Zeit ihrer Begehung** nach inländischem oder internationalem Recht **nicht strafbar** war. Ebenso darf **keine**

höhere Strafe als die im Zeitpunkt der Begehung der strafbaren Handlung angedrohte Strafe verhängt werden". Art 7 EMRK normiert damit für bestimmte Regelungen ein **Rückwirkungsverbot** im Strafrecht (vgl zu Art 7 EMRK auch die Ausführungen im Teil Strafrecht S. 72 ff).

Zum Teil wird auch aus dem Gleichheitsgrundsatz, der sowohl im StGG als auch im B-VG normiert ist, abgeleitet, dass rückwirkende belastende Regelungen verboten sind (siehe unter Grund- und Freiheitsrechte S. 52 ff). Dem liegt der Gedanke zu Grunde, dass es unsachlich – und damit gleichheitswidrig – wäre, nicht vorhersehbare benachteiligende Rechtsfolgen zu normieren.

4. VERWALTUNG

Gesetze werden von den Staatsgewalten Verwaltung und Gerichtsbarkeit vollzogen. Die Verwaltung handelt dabei indem sie:

- gesetzliche Regelungen durch **Verordnungen** konkretisiert (diese sind – ähnlich Gesetzen – generell-abstrakt und werden deshalb auch als Gesetze im materiellen Sinn bezeichnet) oder
- auf Grund der Gesetze bzw Verordnungen individuell-konkrete Entscheidungen gegenüber Personen entweder in Form von **Bescheiden** erlässt oder
- individuell-konkrete **Akte unmittelbarer verwaltungsbehördlicher Befehls- und Zwangsgewalt** setzt (vgl dazu näher die Ausführungen auf S. 59 ff).

Die Verfassung enthält verschiedene grundsätzliche Regelungen über die **Organisation der Verwaltung und das Handeln der Verwaltungsorgane**.

a. Organ und Verwaltungsorgan

aa. Organ

Der Staat ist eine juristische Einheit, Träger von Rechten und Pflichten und damit eine **juristische Person**. Juristische Personen können nur durch natürliche Personen handeln, die eine bestimmte Funktion für die juristische Person innehaben und in Ausübung dieser Funktion handeln. Die Funktion – verstanden als rechtliches Bündel von Zuständigkeiten – bezeichnet man als **Organ**. Die natürliche Person, die diese Organfunktion innehat, als **Organwalter.** Auch der Staat handelt durch **Staatsorgane,** wobei man dabei verschiedene staatliche Einheiten unterscheiden muss (Bund, Länder, Gemeinden, sonstige Selbstverwaltungskörperschaften – siehe dazu unten).

So sieht das B-VG das Organ Bundespräsident vor und regelt seine Zuständigkeiten. Der Organwalter, der diese Funktion derzeit innehat, ist *Dr. Alexander Van der Bellen.*

Das positive Recht regelt die **Rechtsstellung** von **Staatsorganen** unterschiedlich. Man kann **verschiedene Typen** unterscheiden:

- **Organe im organisatorischen Sinn**: Das sind Organe, deren Bestellung und Abberufung meist genau geregelt ist und die einer staatlichen Einheit (insb Bund, Bundesland, Gemeinde) organisatorisch zugeordnet sind: etwa das Organ Bundeskanzler (dem Bund), das Organ Landeshauptmann (einem Bundesland; wir verwenden auch den Begriff Land), das Organ Bürgermeister (einer Gemeinde).

- **Organe im funktionellen Sinn**: Wenn man nur darauf achtet, ob für eine staatliche Einheit Aufgaben besorgt werden (ohne dass auf die organisatorische Einordnung geachtet wird), spricht man auch vom Organ im funktionellen Sinn.

Den Begriff Organ im funktionellen Sinn verwendet man auch in dem Zusammenhang, dass Organe, die organisatorisch einer staatlichen Einheit zuzurechnen sind, Aufgaben für eine andere staatliche Einheit besorgen.

> Der **Landeshauptmann** ist organisatorisch betrachtet ein Landesorgan (also **Landesorgan im organisatorischen Sinn**). Er übt im Bereich der Landesverwaltung Aufgaben für das Land aus und ist insoweit **Landesorgan im funktionellen Sinn**. Im Bereich der mittelbaren Bundesverwaltung übt er Aufgaben für den Bund aus. Insoweit ist er bei der Besorgung der Angelegenheiten der mittelbaren Bundesverwaltung **Bundesorgan im funktionellen Sinn** (bleibt aber **Landesorgan im organisatorischen Sinn**).

- **Organe im bloß funktionellen Sinn**: Das sind Organe, die nicht in die Organisation des Staates eingebunden sind, denen aber einzelne staatliche Aufgaben übertragen sind (zB die GIS Gebühren Info Service GmbH).

- **Monokratische Organe**: Ist rechtlich vorgesehen, dass die Organfunktion nur von einer natürlichen Person ausgeübt wird, spricht man von einem monokratischen Organ; zB: Bundespräsident, Bundeskanzler, Bundesminister, Landeshauptmann.

- **Kollegialorgane:** Ist rechtlich vorgesehen, dass mehrere natürliche Personen gemeinsam die Organfunktion ausüben, spricht man von einem Kollegialorgan.

Für solche Kollegialorgane muss auch immer geregelt sein, wie viele Personen anwesend sein müssen, damit ein Beschluss gefasst werden kann (Präsensquorum) und welche Mehrheiten für einen Beschluss erforderlich sind (Konsensquorum).

> Der Senat der Universität Wien ist zB ein solches Kollegialorgan. Er besteht aus achtzehn Mitgliedern. Dem Senat gehören Vertreter*innen der Universi-

tätsprofessor*innen, der Universitätsdozent*innen sowie der wissenschaftlichen und künstlerischen Mitarbeiter*innen im Forschungs-, Kunst- und Lehrbetrieb, des allgemeinen Universitätspersonals und der Studierenden an.
Ein besonderes Kollegialorgan ist die Bundesregierung. Art 69 Abs 1 B-VG normiert: *„Mit den obersten Verwaltungsgeschäften des Bundes sind, soweit diese nicht dem Bundespräsidenten übertragen sind, der Bundeskanzler, der Vizekanzler und die übrigen Bundesminister betraut. Sie bilden in ihrer Gesamtheit die Bundesregierung unter dem Vorsitz des Bundeskanzlers*“. Mitglieder des Kollegialorgans „Bundesregierung“ sind damit Organwalter bestimmter monokratischer Organe.

- **Behörde:** Als Behörde bezeichnet man Organe, die die Befugnis haben, einseitig (heteronom) verbindliche Rechtsakte zu setzen; solche Organe haben Befehlsgewalt (imperium). Wir sprechen von Behörden im Zusammenhang mit Verwaltung und Gerichtsbarkeit – nicht aber im Zusammenhang mit der Gesetzgebung.

Nehmen wir zum Beispiel den Begriff „Bundesminister“: Damit kann das Organ gemeint sein. Bundesminister ist ein (Bundes-)Organ im organisatorischen Sinn und ein (Bundes-)Organ im funktionellen Sinn. Bundesminister ist auch eine Behörde, da Bundesminister zB ermächtigt sind, einseitig Bescheide oder Verordnungen zu erlassen.
Die zum Bundesminister*in ernannte natürliche Person (zB *Univ Prof. Dr. Heinz Faßmann*) bezeichnet man als Organwalter
Dem Amt des Bundesministers steht ein Hilfsapparat, das Bundesministerium, zur Verfügung, welches unter dieser Leitung Aufgaben besorgt. Die Akte, die von den Mitarbeiter*innen des Bundesministeriums gesetzt werden, sind rechtlich Akte des Bundesministers und werden dem Bund zugerechnet, da der Bundesminister in Ausübung der Organfunktion für den Bund als juristische Person handelt.

bb. Verwaltungsorgan

Die Verwaltung ist **hierarchisch gegliedert**. Die gesamte staatliche Verwaltung steht unter der Leitung **oberster Organe**. Oberste Organe sind selbst nicht weisungsgebunden, sind aber ermächtigt, den ihnen unterstellten Organen Weisungen zu erteilen. Auch zwischen den obersten Organen besteht keine Über- und Unterordnung. Es werden den obersten Organen vielmehr unterschiedliche Aufgaben übertragen, zT bestehen Abhängigkeiten und Kontrollmechanismen. Die obersten Verwaltungsorgane sind jedoch den gesetzgebenden Organen verantwortlich und ihre Rechtsakte unterliegen einer rechtlichen Kontrolle.

Die **untergeordneten Verwaltungsorgane** sind **weisungsgebunden**; dh sie sind grundsätzlich verpflichtet, die Anordnungen der ihnen übergeordneten Organe zu

befolgen. Wenn eine Weisung von einem unzuständigen Organ erteilt wird oder die Befolgung gegen strafgesetzliche Vorschriften verstoßen würde, darf sie nicht befolgt werden. Nur unter bestimmten Voraussetzungen sind durch die Verfassung selbst bzw können durch den Gesetzgeber weisungsfreie Verwaltungsorgane eingerichtet werden (vgl insb Art 20 B-VG).

Die Bundesverfassung unterscheidet – dem bundesstaatlichen Grundprinzip entsprechend – auch im Bereich der Verwaltung zwischen Bundesverwaltung und Landesverwaltung und legt dabei insb die obersten Verwaltungsorgane des Bundes und der Länder fest (vgl Art 19 B-VG).

b. Oberste Organe

aa. Oberste Organe der Bundesverwaltung

Die obersten Organe der Bundesverwaltung sind

- Bundespräsident,
- Bundesregierung und
- ihre Mitglieder: Bundeskanzler, Vizekanzler und Bundesminister (Art 69 Abs 1 B-VG).

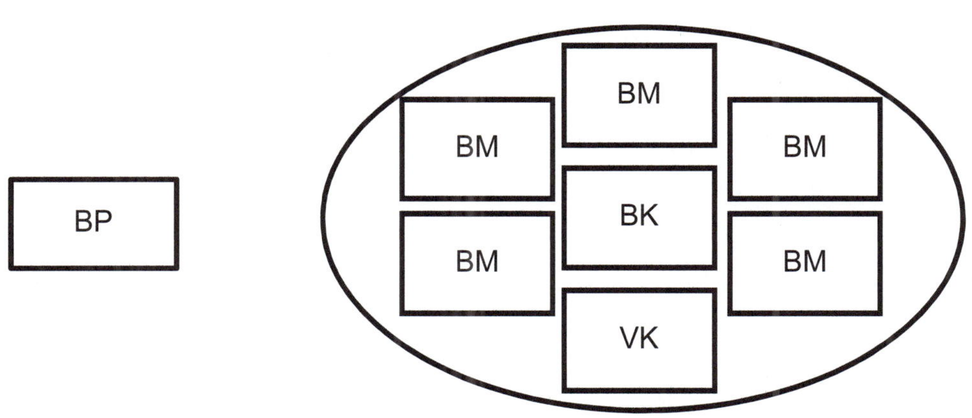

BP	Bundespräsident	Kollegialorgan (Bundesregierung)	⬭
BK	Bundeskanzler		
VK	Vizekanzler	Monokratisches Organ (BP/BK/VK/BM)	▭
BM	Bundesminister		

Zwischen diesen obersten Organen besteht ein komplexes System der Aufgabenverteilung und der gegenseitigen Kontrolle:

- So ist der **Bundespräsident** ermächtigt, den **Bundeskanzler** rechtlich völlig frei zu **ernennen,** die einzelnen **Bundesminister** aber nur auf Vorschlag des Bundeskanzlers. Der Bundespräsident ist ermächtigt, den Bundeskanzler oder die gesamte **Bundesregierung** rechtlich völlig frei jederzeit zu **entlassen**, einen einzelnen Bundesminister aber nur auf Vorschlag des Bundeskanzlers (Art 70 Abs 1 B-VG).
- Üblicherweise – aber verfassungsrechtlich nicht geboten – wird die Bestellung einer neuen Bundesregierung vom Bundespräsidenten immer nach einer Neuwahl des Nationalrats vorgenommen. Es wird in der Regel der Vertreter*in der stimmenstärksten Partei im Nationalrat „mit der Regierungsbildung beauftragt". Dies hängt damit zusammen, dass die Bundesverfassung – entsprechend dem gewaltentrennenden Grundprinzip (checks and balances) – gewisse **Kontrollmechanismen zwischen Nationalrat und Bundesregierung** bzw deren Mitgliedern vorsieht:
    - So kann der Nationalrat entweder der ganzen Bundesregierung oder einzelnen Mitgliedern der Bundesregierung das Vertrauen entziehen **(Misstrauensvotum**; Art 74 Abs 1 und 2 B-VG). Infolgedessen ist der Bundespräsident verpflichtet, die Bundesregierung oder das Mitglied ihres bzw seines Amtes zu entheben.
    - Auch werden die meisten Gesetzesanträge in Form von **Regierungsvorlagen** an den Nationalrat eingebracht, die aber vom Nationalrat behandelt werden müssen.

Für ein reibungsloses Zusammenspiel der Organe in der Praxis ist daher ein gewisses Einvernehmen erforderlich. Auch wenn die Verfassung – wie beschrieben – Kontrollmechanismen und Abhängigkeiten vorsieht, darf eines nicht übersehen werden: In der Realität sind in der Bundesregierung Personen jener politischen Parteien vertreten, die im Nationalrat die Mehrheit haben. Daher können Entscheidungen parteipolitisch motiviert sein und die Kontrollmechanismen, die die Verfassung vorsieht, de facto nicht greifen.

Der **Bundespräsident** ist auch das Staatsoberhaupt der Republik Österreich; er ist Oberbefehlshaber über das Bundesheer und ermächtigt, die Republik nach außen zu vertreten.

Die genauere verfassungsrechtliche Ausgestaltung des **republikanischen Grundprinzips** ergibt sich aus den Regelungen des B-VG über die **Stellung des Bundespräsidenten** (vor allem Art 60 B-VG):

- Der Bundespräsident ist vom Bundesvolk zu **wählen**.
- Die **Amtsperiode** des Bundespräsidenten beträgt **sechs Jahre**. Eine Wiederwahl für die unmittelbar folgende Funktionsperiode ist nur einmal zulässig (Art 60 Abs 5 B-VG).
- Der Bundespräsident ist **politisch verantwortlich**: Vor Ablauf der Funktionsperiode kann der Bundespräsident durch Volksabstimmung abgesetzt werden (Art 60 Abs 6 B-VG).
- Der Bundespräsident ist **rechtlich verantwortlich**: Nach Art 142 B-VG kann der Bundespräsident beim Verfassungsgerichtshof wegen erfolgter schuldhafter Rechtsverletzung durch seine Amtstätigkeit angeklagt werden. Wenn der Verfassungsgerichtshof den Bundespräsidenten verurteilt, hat er auch den Amtsverlust auszusprechen.

Auch in diesem Zusammenhang sind Kontrollmechanismen im Sinne des gewaltentrennenden Grundprinzips vorgesehen. So ist eine Volksabstimmung durchzuführen, wenn die Bundesversammlung es verlangt. Die **Bundesversammlung** ist ein Organ, das aus Nationalrat und Bundesrat gebildet wird (Art 38 B-VG). Die Anklage erfolgt durch Beschluss der Bundesversammlung.

bb. Oberstes Organ der Landesverwaltung

Oberstes Organ der Landesverwaltung ist

- die jeweilige **Landesregierung,** die
- aus dem **Landeshauptmann, Landeshauptmann-Stellvertreter** und **sonstigen Mitgliedern** (idR „Landesräten“) besteht.

Die Landesregierung ist **vom Landtag zu wählen** (Art 101 Abs 1 B-VG).

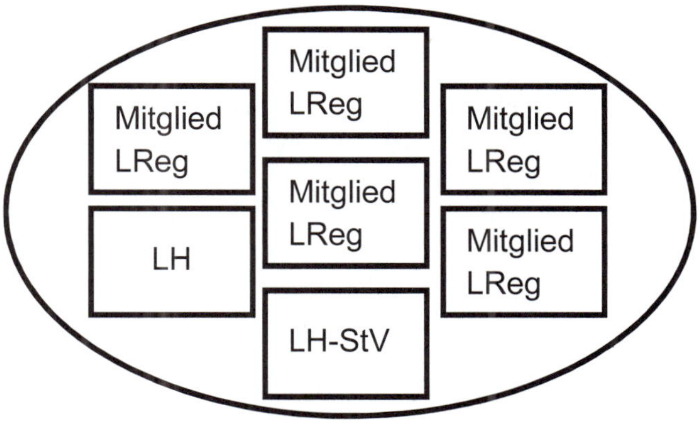

LH	Landeshauptmann	Kollegialorgan (Landesregierung)
LH-StV	Landeshauptmann-Stellvertreter	
Mitglied LReg	Mitglied der Landesregierung	Monokratisches Organ (LH/LH-StV/Mitglied LReg)

c. Verwaltung auf untergeordneter Ebene

Die Bundesverfassung enthält aber auch Regelungen, wie die Verwaltung auf untergeordneter Ebene erfolgen soll. Zwar kann man auch hier grundsätzlich zwischen einem Bundes- und Landesbereich unterscheiden, die Verfassung normiert aber vor allem **zwei Besonderheiten**, die hier genannt werden sollten: die sogenannte **mittelbare Bundesverwaltung** und die **Selbstverwaltung.**

aa. unmittelbare und mittelbare Bundesverwaltung

Unter den Bundesministern können vereinzelt besondere Bundesbehörden eingerichtet werden (etwa die Finanzämter oder das Bundesdenkmalamt; **unmittelbare Bundesverwaltung**).

In vielen Bereichen hat aber nach der Bundesverfassung die Vollziehung des Bundes auf unterer Ebene durch Organe der Länder zu erfolgen (sogenannte **mittelbare Bundesverwaltung**). In der Regel wird sie durch den Landeshauptmann und die ihm unterstellten Behörden (das sind meist die Bezirksverwaltungsbehörden, also die Bezirkshauptmannschaften oder die Magistrate in den Städten mit eigenem Statut) ausgeübt. In diesen Angelegenheiten werden Landesorgane im organisatorischen Sinn als Bundesorgane (im funktionellen Sinn) tätig (siehe auch die Ausführungen zu den Staatsorganen auf S. 36 ff). Nur in diesen Angelegenheiten sind die Landesbehörden an Weisungen des Bundes gebunden und unterstehen der Aufsicht des Bundes (vgl Art 102 B-VG).

BUNDESVERWALTUNG

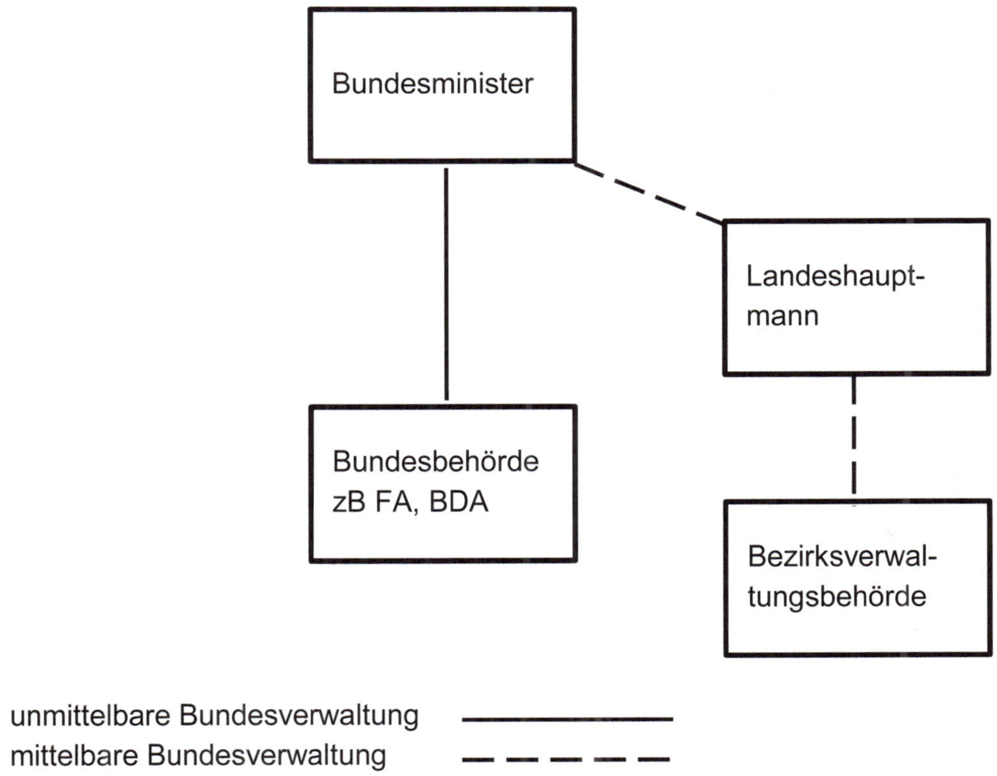

bb. Selbstverwaltung

Nach der Bundesverfassung werden Bundes- und Landesverwaltung durch eine dezentralisierte Form der Verwaltung ergänzt. Aufgaben, die an sich Aufgaben der Bundesverwaltung oder der Landesverwaltung sind, werden von eigenen Rechtsträgern – Körperschaften des öffentlichen Rechts – besorgt. Diese besorgen die Aufgaben zum Teil **weisungsfrei** – aber unter Aufsicht des Bundes oder der Länder. Man bezeichnet dies als **Selbstverwaltung**. Dabei unterscheidet die Verfassung zwischen der

- territorialen Selbstverwaltung (Gemeindeselbstverwaltung) und
- der sonstigen Selbstverwaltung.

Als einzige Form einer **territorialen Selbstverwaltung** sieht das B-VG die Selbstverwaltung durch die **Gemeinden** vor (Art 115 ff B-VG).

Gemeindeorgane sind

- der gewählte **Gemeinderat,** der seinerseits den
- **Gemeindevorstand** als vorberatendes Organ wählt (in Städten hat er die Bezeichnung Stadtrat; in Städten mit eigenem Statut die Bezeichnung Stadtsenat).
- Der **Bürgermeister** wird in einigen Bundesländern von den Gemeindebürger*innen direkt gewählt.
- **Sonderregelungen bestehen für Wien**, das gleichzeitig Gemeinde und Bundesland ist.

Die **Aufgaben**, die die Gemeinden zu besorgen haben, sind entweder Aufgaben der Bundesverwaltung oder Aufgaben der Landesverwaltung, die den Gemeinden übertragen werden. Die Übertragung kann entweder in den eigenen Wirkungsbereich der Gemeinden erfolgen oder in den übertragenen Wirkungsbereich.

- Den Aufgabenbereich, in dem die Gemeindeorgane **frei von Weisungen** staatlicher Organe entscheiden, nennt man **„eigenen Wirkungsbereich"**. Es sind dies „Angelegenheiten, die im ausschließlichen oder überwiegenden Interesse der in der Gemeinde verkörperten örtlichen Gemeinschaft gelegen und

geeignet sind, durch die Gemeinschaft innerhalb ihrer örtlichen Grenzen besorgt zu werden" (Art 118 Abs 2 B-VG). Die Gemeindeorgane unterliegen in diesem Bereich der **Aufsicht** des Bundes oder der Länder.

- Den Aufgabenbereich, den sie weisungsgebunden zu besorgen haben, bezeichnet man als „**übertragenen Wirkungsbereich**".

Seit 2008 ist im B-VG auch die „**sonstige Selbstverwaltung**" verfassungsrechtlich verankert („sonstige" meint die nicht-gemeindliche Selbstverwaltung). Zur „sonstigen Selbstverwaltung" zählen berufliche Vertretungen, wie die **Kammern** oder die Österreichische Hochschüler*innenschaft (ÖH). Die Regelungen für die sonstige Selbstverwaltung sind nach dem Muster der Gemeindeselbstverwaltung konzipiert (vgl Art 120a ff B-VG).

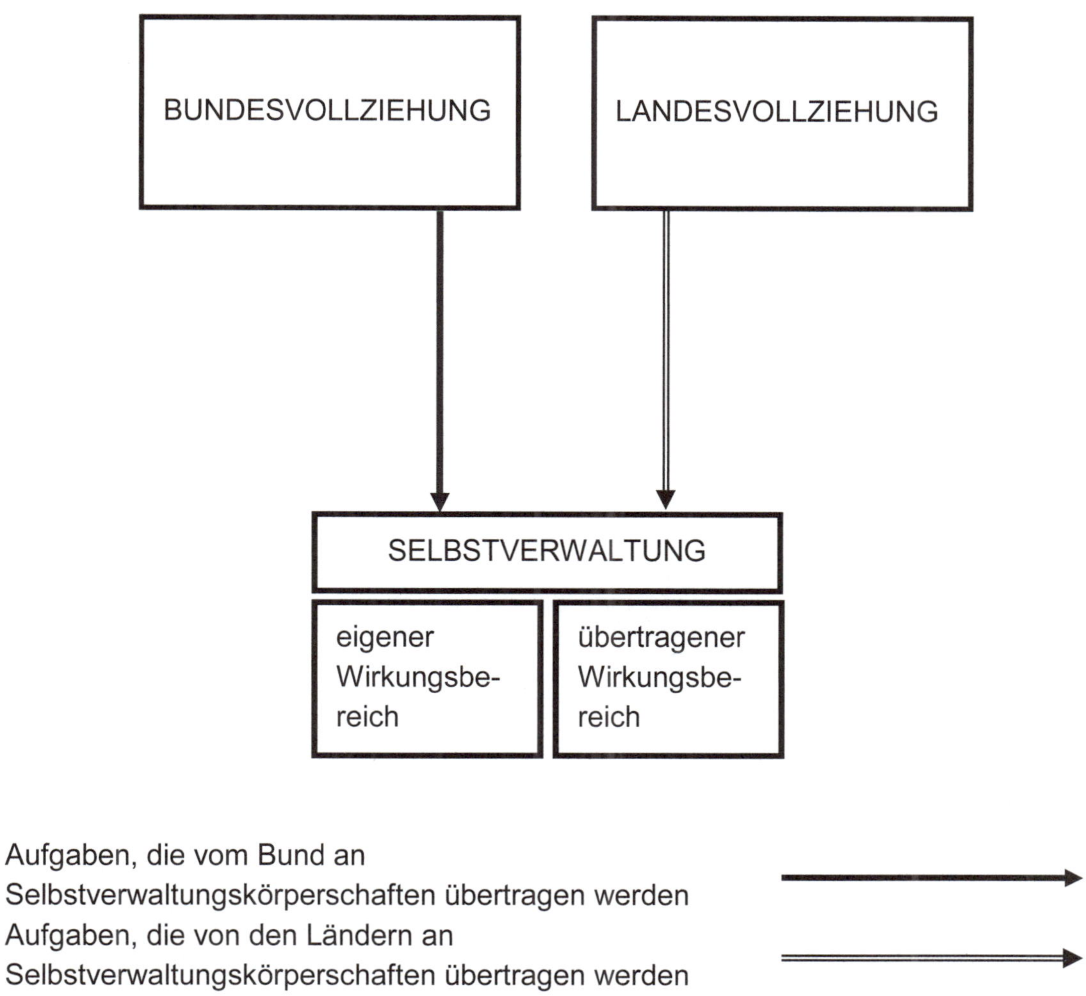

d. Überblick über die Organisation der Bundes-, Landes- und Selbstverwaltung

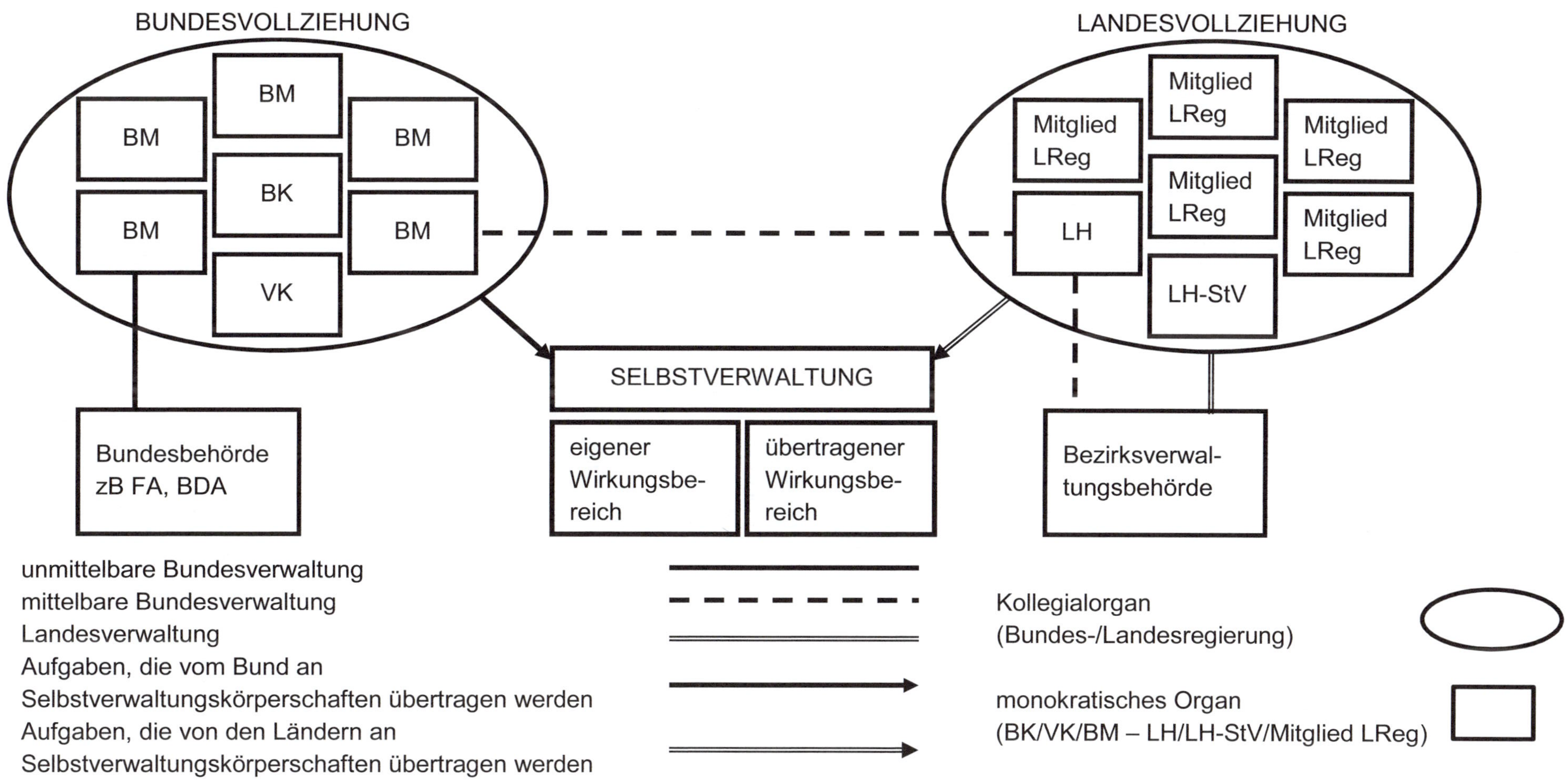

e. Vorgaben für das Handeln der Verwaltungsorgane

aa. Überblick

Neben der grundsätzlichen **Weisungsgebundenheit** des Verwaltungshandelns sieht die Verfassung auch bestimmte **Formen des Verwaltungshandelns** vor und normiert verschiedene **Grundsätze für das Handeln**.

- In welchen **Formen** (insb Verordnung, Bescheid, Akte unmittelbarer verwaltungsbehördlicher Befehls- und Zwangsgewalt) gehandelt wird, ist vor allem für den Rechtsschutz wichtig, da das Rechtsschutzsystem an die Handlungsformen anknüpft (vgl dazu S. 59 ff). Die Formen werden in der Folge noch näher besprochen (vgl ebenfalls die Ausführungen auf S. 59 ff).
- **Grundsätze für das Handeln** der Verwaltungsorgane sind neben der Weisungsgebundenheit vor allem
- die **Gesetzesbindung**. Darüber hinaus normiert die Verfassung auch
- die Verpflichtung zur Amtsverschwiegenheit, zur Auskunftspflicht und zur Amtshilfe und
- sieht eine spezielle Schadenersatzregelung für das Handeln in Vollziehung der Gesetze vor (**Amtshaftung**). Der Bund, die Länder, die Gemeinden und die sonstigen Körperschaften und Anstalten des öffentlichen Rechts haften für den Schaden, den die als ihre Organe handelnden Personen in Vollziehung der Gesetze durch ein rechtswidriges Verhalten wem immer schuldhaft zugefügt haben (näher geregelt in Art 23 B-VG und dem Amtshaftungsgesetz – AHG).

bb. Gesetzesbindung: das Legalitätsprinzip

Die Verfassung sieht vor, dass die Vollziehung (Verwaltung und Gerichtsbarkeit) nur „auf Grund der Gesetze“ erfolgen darf (vgl vor allem Art 18 Abs 1 B-VG; „**Legalitätsprinzip**“ – das Legalitätsprinzip ist Teil des rechtsstaatlichen Grundprinzips). Der Staat darf nur handeln, wenn es eine gesetzliche Grundlage für sein Handeln gibt, was der Freiheitssicherung dient. Aus dieser Regelung leitet man

auch ab, dass Gesetze ausreichend bestimmt sein müssen, da sie nur so eine Handlungsgrundlage bilden können (**Bestimmtheitsgebot**).

Durch das Legalitätsprinzip wird auch eine **Bindung der Vollziehung an die mittelbar demokratisch erlassenen Gesetze** normiert. Damit wird garantiert, dass alle staatlichen Entscheidungen auf den Willen der vom Volk gewählten Vertreter*innen zurückzuführen sind. Somit besteht ein Zusammenhang mit dem demokratischen Grundprinzip (siehe die Ausführungen zu den Grundprinzipien auf S. 18 ff).

cc. Amtsverschwiegenheit, Auskunftspflicht, Amtshilfe

Nach Art 20 Abs 3 B-VG sind Verwaltungsorgane grundsätzlich zur Verschwiegenheit über alle ihnen ausschließlich aus ihrer amtlichen Tätigkeit bekannt gewordenen geheimen Tatsachen verpflichtet, wenn die Geheimhaltung in bestimmten näher normierten öffentlichen Interessen (zB Aufrechterhaltung der öffentlichen Ruhe, Ordnung und Sicherheit, der umfassenden Landesverteidigung) oder im überwiegenden Interesse von Personen, die ein Geheimhaltungsinteresse haben, geboten ist (**Amtsverschwiegenheit**).

Eine **Auskunftspflicht** besteht nach Art 20 Abs 4 B-VG für Verwaltungsorgane soweit eine gesetzliche Verschwiegenheitspflicht dem nicht entgegensteht; die näheren Regelungen sind durch einfache Gesetze zu treffen.

Nach Art 22 B-VG sind insb die Organe des Bundes, der Länder, der Gemeinden und der sonstigen Selbstverwaltungskörper im Rahmen ihres gesetzmäßigen Wirkungsbereiches zur wechselseitigen Hilfeleistung verpflichtet (**Amtshilfe**).

5. GERICHTSBARKEIT

Auch die **Gerichtsbarkeit** vollzieht Gesetze. Die Gerichtsbarkeit ist dadurch gekennzeichnet, dass richterliche Organe **unabhängig** sind:

Die **richterlichen Organe** (Richter) sind in Ausübung ihres richterlichen Amtes insofern **unabhängig**, als sie

- weisungsfrei und
- weitgehend unabsetzbar und
- unversetzbar (Art 87 und 88 B-VG) sind.

Auf Grund dieser besonderen Stellung überträgt die Verfassung den Gerichten auch Rechtsschutz- und Kontrollfunktionen.

Die Verfassung unterscheidet zwischen der sogenannten „ordentlichen Gerichtsbarkeit“ und der „Gerichtsbarkeit des öffentlichen Rechts“:

- Der Begriff **„ordentliche Gerichtsbarkeit“** wird im Zusammenhang mit der Gerichtsbarkeit über Angelegenheiten des gerichtlichen Strafrechts und des Zivilrechts verwendet.

Als oberste Instanz in Zivil- und Strafrechtssachen sieht das B-VG den Obersten Gerichtshof vor (**OGH**, Art 92 B-VG; ordentliche Gerichtsbarkeit).

Die ordentliche Gerichtsbarkeit ist ausschließlich Bundessache (Art 82 B-VG).

- Im Bereich des **Öffentlichen Rechts** sind
    - die Verwaltungsgerichte des Bundes und der Länder (Art 129 ff B-VG),
    - der Verwaltungsgerichtshof (Art 133 ff B-VG) und
    - der Verfassungsgerichtshof (Art 137 ff B-VG)

  verfassungsrechtlich vorgesehen.

Auch die Gerichtsbarkeit im Bereich des Öffentlichen Rechts ist weitgehend Bundessache; nur die Verwaltungsgerichte der Länder sind Landesorgane; insoweit ist eine Zuständigkeit der Länder gegeben.

Die **Verwaltungsgerichte** entscheiden im Wesentlichen über **Beschwerden** gegen bestimmte Entscheidungen von Verwaltungsbehörden; ihre Sachentscheidungen nennt man **Erkenntnisse**.

Gegen ein Erkenntnis eines Verwaltungsgerichts kann **Revision** an den **Verwaltungsgerichtshof** erhoben werden, dieser kann die Entscheidung aufheben oder in der Sache entscheiden.

Darüber hinaus können die Parteien gegen das Erkenntnis eines Verwaltungsgerichts **Beschwerde** an den **Verfassungsgerichtshof** wegen Verletzung verfassungsgesetzlich gewährleisteter Rechte („Grundrechte“) erheben. Dieser kann allerdings die Entscheidungen nur aufheben (Kassationsprinzip).

Der **Verfassungsgerichtshof** ist darüber hinaus insb auch dafür zuständig,

- Gesetze auf ihre Verfassungsmäßigkeit und
- Verordnungen der Verwaltungsbehörden auf ihre Gesetzmäßigkeit zu überprüfen und gegebenenfalls aufzuheben,

nicht jedoch verfassungskonforme oder gesetzeskonforme Regelungen anstelle der zuständigen staatlichen Organe zu erlassen. Weiters ist er etwa für die Überprüfung von Wahlen bestimmter Organe (etwa Nationalrat, Bundespräsident) zuständig (Art 137 ff B-VG).

Diese angeführten Regelungen über die Möglichkeit der Überprüfbarkeit und Aufhebbarkeit von fehlerhaft erzeugten Normen gewähren **Rechtsschutz**, ein wesentliches Element des **rechtsstaatlichen Grundprinzips**. Zum Teil ist es auch Einzelpersonen möglich, fehlerhaft erzeugte Rechtsakte anzufechten. Dadurch, dass den Gerichten teilweise auch die Kontrolle über die Staatsgewalten Verwaltung und Gesetzgebung übertragen wird, findet sich hier auch ein wesentliches Element des **gewaltentrennenden Grundprinzips** verkörpert.

Auch für die Gerichtsbarkeit ist zT die **Mitwirkung von Volksvertreter*innen** vorgesehen, sodass es auch einen Zusammenhang **mit dem demokratischen Grundprinzip** gibt: **Geschworene** haben bei bestimmten mit schwerer Strafe bedrohten Verbrechen über die Schuld des Angeklagten zu entscheiden, in anderen Verfahren haben **Schöffen** an der Rechtsprechung mitzuwirken (Art 91 B-VG; vgl dazu auch die Ausführungen im Teil Strafrecht aus S. 70 ff).

6. WEITERE KONTROLLEINRICHTUNGEN

Ergänzend sind als weitere Kontrolleinrichtungen, die aber keine Gerichte sind, Rechnungshof (Art 121 ff B-VG) und Volksanwaltschaft (Art 148a ff B-VG) durch das B-VG vorgesehen:

- Dem **Rechnungshof** obliegt die Kontrolle der „Gebarung“, dh der Verfügung über „Vermögen“ insb des Bundes, der Länder und Gemeinden; er hat über Prüfungsergebnisse zu berichten.
- **Die Volksanwaltschaft** kann vor allem Missstände in der Verwaltung aufgreifen und Empfehlungen erteilen, wie diese Missstände zu beseitigen sind. Auch sie hat über ihre Tätigkeit und deren Ergebnis zu berichten. Darüber hinaus ist sie seit 2012 zuständig, behauptete oder von ihr vermutete Verletzungen von Menschenrechten zu prüfen. Dazu hat sie Kommissionen und zur Beratung den Menschenrechtsbeirat einzusetzen.

7. GRUND- UND FREIHEITSRECHTE

Die im **liberalen Grundprinzip** verankerte „**Freiheit vom Staat**", in die der Staat nicht oder nur unter bestimmten Voraussetzungen eingreifen darf, wird durch die Normierung von (liberalen) Grundrechten umgesetzt.

In Österreich sind Grundrechte vor allem im **StGG** und in der **EMRK** normiert.

a. Der Begriff „Grundrecht"

Grundrechte sind verfassungsgesetzlich gewährleistete subjektive Rechte:

Wenn die Rechtsordnung jemandem die Befugnis einräumt, die Einhaltung einer Norm des positiven Rechts (des „objektiven Rechts") durch Anrufung staatlicher Organe durchzusetzen, sagt man, es wird ein **subjektives Recht** eingeräumt.

Solche subjektiven Rechte werden entweder durch einfaches Gesetz oder durch Verfassungsrecht im formellen Sinn eingeräumt. Werden sie durch Verfassungsrecht im formellen Sinn eingeräumt, spricht man von **Grundrechten.**

HINWEIS: Die Begriffe „Grundprinzip" und „Grundrecht" können verwechselt werden.

Grundprinzip: Grundprinzipien sind **Staatsideen**, die der Verfassung zu Grunde liegen. Sie sind von der Form her betrachtet, die höchstrangigen Normen im österreichischen Verfassungsrecht. Ihre Änderung ist nur durch **gesamtändernde Bundesverfassungsgesetze** möglich.

Grundrecht: Grundrechte **sind verfassungsgesetzlich gewährleistete subjektive Rechte.**

Es gibt einen **Zusammenhang** zwischen **Grundprinzip** und **Grundrecht**: Man leitet aus dem Umstand, dass das österreichische Verfassungsrecht Grundrechte kennt, ab, **dass im Rahmen der österreichischen Verfassung das liberale Grundprinzip gilt.**

b. Grundrechtsverpflichtete

Da die Grundrechte **Freiheit vom Staat** garantieren, richten sie sich primär **gegen den Staat** und zwar

- unabhängig davon, ob er Normen erlässt (wir sprechen auch davon, dass **er hoheitlich handelt**) oder
- wie ein Privater handelt (also Rechtsakte setzt, die auch Bürger*innen setzen können). In diesem zweiten Fall sprechen wir auch von „**Fiskalgeltung der Grundrechte**".

Wenn **Private untereinander** Rechtsakte setzen, wirken die Grundrechte demgegenüber nicht unmittelbar (es gibt keine **unmittelbare Drittwirkung** von Grundrechten). Wenn aber Regelungen, die solche privatrechtlichen Rechtsakte regeln – zumindest indirekt – **auf Grundrechte Bezug nehmen**, können sie auch für Rechtsakte unter Privaten gelten (sogenannte **mittelbare Drittwirkung** von Grundrechten).

> So sind etwa nach § 879 Abs 1 ABGB Verträge, die gegen gesetzliche Verbote oder gegen die guten Sitten verstoßen, absolut nichtig. Um zu ermitteln, was ein Verstoß gegen die guten Sitten ist, kann man auch die Grundrechte einbeziehen.

c. Arten von Grundrechten

Man kann verschiedene Arten von Grundrechten unterscheiden:

- Freiheitsrechte,
- Gleichheitsrechte,
- Minderheitenrechte und
- Verfahrensgarantien.

Grundrechte sind – entsprechend dem Gedanken der Freiheit vom Staat – vor allem **Freiheitsrechte**. Sie garantieren insb ein Recht auf Leben, verbieten Folter oder unmenschliche oder erniedrigende Strafe oder Behandlung, verbieten Zwangs- und Pflichtarbeit, garantieren persönliche Freiheit, ein Recht auf Achtung des Privat- und Familienlebens, die Unverletzlichkeit des Hausrechts, das Brief- und

Fernmeldegeheimnis, ein Recht auf Datenschutz, Glaubens- und Gewissensfreiheit, Vereins- und Versammlungsfreiheit, ein Recht auf Unverletzlichkeit des Eigentums, Freiheit der Erwerbstätigkeit, der Wissenschaft und ihrer Lehre sowie der Kunst.

Von den **Gleichheitsrechten**, also Grundrechten, die Gleichheit garantieren sollen, ist das praktisch bedeutendste der sogenannte **Gleichheitsgrundsatz.** Er ist sowohl in Art 2 StGG als auch in Art 7 B-VG normiert.

> Art 7 Abs 1 erster Satz B-VG bestimmt: „*Alle Staatsbürger sind vor dem Gesetz gleich. Vorrechte der Geburt, des Geschlechtes, des Standes, der Klasse und des Bekenntnisses sind ausgeschlossen.*“

Dieses Recht wird in Lehre und Judikatur so verstanden, dass der **Gesetzgeber** nur **sachlich gerechtfertigte Differenzierungen** normieren, die dem Prinzip der Verhältnismäßigkeit nicht widersprechen, und dass die **Vollziehung nicht willkürlich** handeln darf.

Aus dem Gleichheitssatz wird auch ein **Vertrauensschutz** abgeleitet. Es ist demnach insb nicht erlaubt, plötzlich und unerwartet in wohlerworbene Rechte einzugreifen. Auch der Normierung von **rückwirkenden Regelungen** sind durch den Gleichheitsgrundsatz Schranken gesetzt.

Art 7 Abs 2 B-VG erlaubt darüber hinaus „Maßnahmen zur Förderung der faktischen Gleichstellung von Frauen und Männern insb durch Beseitigung tatsächlich bestehender Ungleichheiten“. Damit wird also auf eine faktische Gleichstellung abgezielt (man spricht in diesem Zusammenhang auch von positiven Maßnahmen).

Minderheitenrechte sollen bestimmten Gruppen von Minderheiten besonderen Schutz einräumen (zB den Gebrauch der Sprache als Amtssprache oder im Schulunterricht oder – zusätzlich – bei der Bezeichnung auf Ortstafeln).

Verfahrensgarantien sind etwa das Recht auf ein faires Verfahren oder das Recht, dass über zivilrechtliche Ansprüche und Verpflichtungen und strafrechtliche Anklagen ein auf Gesetz beruhendes, unabhängiges und unparteiisches Gericht innerhalb angemessener Frist entscheidet.

d. Gesetzesvorbehalte

Die meisten Grundrechte enthalten einen sogenannten **Gesetzesvorbehalt**.

Ein Gesetzesvorbehalt ist eine verfassungsgesetzlich normierte Regelung, die den einfachen Gesetzgeber ermächtigt, Grundrechte **auszugestalten** oder in Grundrechte **einzugreifen** (diese Art des Gesetzesvorbehaltes ist häufiger normiert). Demgemäß unterscheidet man zwischen

- Ausgestaltungsvorbehalten und
- Eingriffsvorbehalten.

Ein **Ausgestaltungsvorbehalt** ist zum Beispiel in Art 12 StGG normiert:

> *„Die österreichischen Staatsbürger haben das Recht, sich zu versammeln und Vereine zu bilden. Die Ausübung dieser Rechte wird durch besondere Gesetze geregelt*".

Eingriffsvorbehalte können auf verschiedene Arten normiert sein:

- Es können nähere Regelungen getroffen sein, unter welchen Voraussetzungen ein Eingriff zulässig ist.

So zum Beispiel in Art 9 EMRK, der ein Recht auf Gedanken-, Gewissens- und Religionsfreiheit normiert. Abs 1 bestimmt:

> *„(1) Jedermann hat Anspruch auf Gedanken-, Gewissens- und Religionsfreiheit; dieses Recht umfasst die Freiheit des einzelnen zum Wechsel der Religion oder der Weltanschauung sowie die Freiheit, seine Religion oder Weltanschauung einzeln oder in Gemeinschaft mit anderen öffentlich oder privat, durch Gottesdienst, Unterricht, Andachten und Beachtung religiöser Gebräuche auszuüben".*
>
> *In Abs 2 ist folgender Gesetzesvorbehalt normiert:*
> *(2) Die Religions- und Bekenntnisfreiheit darf nicht Gegenstand anderer als vom Gesetz vorgesehener Beschränkungen sein, die in einer demokratischen Gesellschaft notwendige Maßnahmen im Interesse der öffentlichen Sicherheit, der öffentlichen Ordnung, Gesundheit und Moral oder für den Schutz der Rechte und Freiheiten anderer sind."*
>
> Daher ist etwa ein Verbot der Gesichtsverhüllung nach der EMRK nur unter den in Abs 2 genannten Voraussetzungen zulässig.

- Oft ist nur vorgesehen, dass ein Eingriff in ein Grundrecht gesetzlich zulässig ist.

  So zB in Art 5 StGG: „Das Eigenthum ist unverletzlich. Eine Enteignung gegen den Willen des Eigenthümers kann nur in den Fällen und in der Art eintreten, welche das Gesetz bestimmt."

Hier nehmen Judikatur und Lehre an, dass ein Eingriff nur zulässig ist

- wenn wichtige **Interessen der Allgemeinheit** dies erfordern.
- Ein solcher Eingriff muss aber **verhältnismäßig** sein, das bedeutet zur Erreichung des Allgemeininteresses **geeignet** und das „**gelindeste Mittel**" zur Erreichung des Zwecks.

  Eine Enteignung eines Grundstückes wäre etwa im Allgemeininteresse, wenn das Grundstück notwendig wäre, um eine kurvenreiche Straßenstrecke, auf der immer wieder Verkehrsunfälle passieren, so umzubauen, dass sie verkehrssicher wird. Die Enteignung wäre geeignet, wenn dadurch die Straße so umgebaut werden könnte, dass sie verkehrssicher wird. Die Entschärfung der Verkehrssituation dürfte nicht anders zu erreichen sein und es darf als gelindestes Mittel nicht mehr an Grundfläche enteignet werden, als für den Umbau erforderlich ist.

B. VERWALTUNGSRECHT

1. BEGRIFF

„Verwaltungsrecht“ umfasst jenen Bereich von Rechtsnormen, der **von Verwaltungsbehörden** (des Bundes, der Länder, der Gemeinden oder sonstiger Selbstverwaltungskörperschaften) **zu vollziehen** ist.

Er wird dem Begriff **„Justizrecht“** gegenübergestellt. Das ist jener Bereich, der durch **Gerichte** zu vollziehen ist.

2. GLIEDERUNG

Das Verwaltungsrecht wird in weitere Rechtsbereiche untergliedert:

- Unter dem Begriff **„Allgemeines Verwaltungsrecht“** werden jene Regelungen zusammengefasst, die die Organisation der Verwaltung regeln und Grundlagen des Handelns von Verwaltungsbehörden darstellen. Aus den zahlreichen Regelungen, die die Verwaltung betreffen, werden allgemeine Strukturen abgeleitet. In diesem Bereich bestehen einige Überschneidungen zum Verfassungsrecht.
- Das sogenannte **„Besondere Verwaltungsrecht“** erfasst die Fülle von Regelungen der „Materiengesetze“, die durch Verwaltungsbehörden zu vollziehen sind. Dazu gehören weite Bereiche, etwa das Personenstandsrecht, Staatsbürgerrecht, Kindergartenwesen, Schulrecht, Universitätsrecht, Kraftfahrzeugrecht, Straßenpolizeirecht, Führerscheinrecht, Wehrrecht, Fremden- und Asylrecht, Sicherheitspolizeirecht, gewerbliches Anlagenrecht, Naturschutzrecht, Raumordnungsrecht, Baurecht, Denkmalschutzrecht, Wasserrecht, Forstrecht, Grundverkehrsrecht, Gentechnikrecht, Krankenanstaltenrecht, Leichen- und Bestattungswesen – und vieles mehr.
- Als **Verwaltungsstrafrecht** bezeichnet man jene Rechtsnormen, die ein Verhalten gebieten oder verbieten und bei Zuwiderhandeln eine Strafe (insb Geld- oder Freiheitsstrafe) androhen und Verwaltungsorgane ermächtigen, in einem rechtlich geregelten Verfahren die Strafe zu verhängen und zu vollziehen.

- Unter dem Begriff **Verwaltungsverfahrensrecht** fasst man jene Regelungen zusammen, die das Verfahren zur Bescheiderlassung durch Verwaltungsbehörden regeln. Dazu zählen insb
  - das **Allgemeine Verwaltungsverfahrensgesetz (AVG),** das vor allem Regelungen über das Einbringen von Anträgen, Fristen, Befangenheit von Organwaltern, Ermittlungsverfahren, Beweismittel und die Bescheiderlassung enthält,
  - das **Verwaltungsstrafgesetz (VStG)**, das Allgemeine Bestimmungen des Verwaltungsstrafrechts und des Verwaltungsstrafverfahrens zur Erlassung eines Strafbescheides und der Strafvollstreckung enthält sowie
  - das **Verwaltungsvollstreckungsgesetz (VVG)**, das Regelungen über die Vollstreckung von Bescheiden enthält. In den Gesetzen, die die einzelnen Materien regeln, können unbedingt erforderliche abweichende Verfahrensregelungen getroffen werden.

3. VERFASSUNGSRECHTLICHE GRUNDLAGEN

Wie bereits im Kapitel Verfassungsrecht dargestellt, bestehen zahlreiche **verfassungsrechtliche Vorgaben** für das Verwaltungsrecht. Erinnert sei insb an die

- **Gewaltenteilung**
- die Einrichtung von **Verwaltungsorganen**
- die grundsätzliche **Weisungsgebundenheit** von Verwaltungsorganen
- das Legalitätsprinzip.
- die Verpflichtung zur Amtsverschwiegenheit,
- zur **Auskunftserteilung** und zur **Amtshilfe** – sofern eine Verschwiegenheitspflicht dem nicht entgegensteht.

4. FORMEN DES VERWALTUNGSHANDELNS

Die Verfassung normiert aber auch bestimmte **Rechtsformen** für das Handeln der Verwaltungsorgane, wenn sie Normen erlassen oder staatliche Zwangsakte setzen (mit anderen Worten: hoheitlich). Da das in der Verfassung verankerte **Rechtsschutzsystem an diese bestimmten Rechtsformen** anknüpft – und eben gegen diese Akte Rechtsschutz gewährt – darf hoheitliches Verwaltungshandeln grundsätzlich auch nur in diesen Formen erfolgen (**Geschlossenheit des Rechtsquellensystems**).

Folgende **Formen hoheitlichen Verwaltungshandelns** kann man unterscheiden:

- Verordnung,
- Bescheid,
- Akt unmittelbarer verwaltungsbehördlicher Befehls- und Zwangsgewalt und
- Weisung.

Verordnungen: sind an einen generellen Adressat*innenkreis gerichtete und allgemein-abstrakte Fälle erfassende Regelungen (zB Geschwindigkeitsbeschränkungen, Studienpläne, Studienbeitragsverordnungen). Da sie ähnlich generell-abstrakte Anordnungen enthalten wie Gesetze, werden sie auch als **Gesetze im materiellen Sinn** bezeichnet (ein Gesetz im formellen Sinn ist demgegenüber eine Regelung, die von einem Gesetzgebungsorgan in einem Gesetzgebungsverfahren in Form eines Gesetzes erlassen wurde).

- In aller Regel handelt es sich um „**Durchführungsverordnungen**". Das sind Verordnungen, die „auf Grund der Gesetze" erlassen werden – also eine ausreichend bestimmte gesetzliche Grundlage brauchen, die durch Verordnung nur mehr konkretisiert werden darf (Art 18 Abs 2 B-VG).
- Nur in einigen wenigen (verfassungsrechtlich normierten) Fällen können **Verordnungen** ohne einfachgesetzliche Grundlage – **verfassungsunmittelbar** – erlassen werden:
  - In bestimmten Fällen sieht die Verfassung vor, dass Verordnungen erlassen werden dürfen, auch wenn es keine einfachgesetzliche Regelung

gibt, die konkretisiert werden kann. Das B-VG verwendet dafür die Formulierung „im Rahmen der Gesetze“. So darf die Gemeinde zB in Angelegenheiten des eigenen Wirkungsbereiches sogenannte „ortspolizeiliche Verordnungen“ zur Abwehr unmittelbar zu erwartender oder zur Beseitigung bestehender, das örtliche Gemeinschaftsleben störender Missstände erlassen (zB Regelungen über Lärmschutz, Alkoholverbot an öffentlichen Plätzen, Leinenzwang und Maulkorbpflicht für Hunde). Solche Verordnungen dürfen aber einfachgesetzlichen Regelungen nicht widersprechen (= **gesetzesergänzende** Verordnungen).

- Zum Teil sieht die Verfassung auch vor, dass Verordnungen anstelle von Gesetzen erlassen werden können (= **gesetzesvertretende** Verordnungen; zB ist der Bundespräsident ermächtigt, Berufstitel zu schaffen – Art 65 Abs 2 lit b B-VG).

- In einigen wenigen besonderen Einzelfällen sieht die Verfassung vor, dass Verordnungen Gesetze ändern können (= **gesetzesändernde** Verordnungen; zB Notverordnung des Bundespräsidenten).

Verordnungen können unter bestimmten Voraussetzungen beim Verfassungsgerichtshof angefochten werden (Art 139 B-VG).

Bescheide sind an individuelle Adressat*innen in konkreten Fällen gerichtete, auf Grund eines – wenn auch zum Teil verkürzten – Verwaltungsverfahrens förmlich erlassene Entscheidungen (zB Verleihung der Staatsbürgerschaft, Erteilung einer Baubewilligung, Anrechnung von Prüfungen, Verleihung eines akademischen Grades, Verhängung einer Verwaltungsstrafe). Dabei kann man nach dem Inhalt folgende Arten von Bescheiden unterscheiden:

- **Leistungsbescheide:** Sie begründen eine Verpflichtung zu einem bestimmten Tun, Dulden oder Unterlassen und sind vollstreckbar (zB Steuerbescheid).
- **Rechtsgestaltungsbescheide:** Sie begründen Rechtsverhältnisse, ändern sie oder heben sie auf (zB Verleihung der Staatsbürgerschaft, Verleihung eines akademischen Grades).
- **Feststellungsbescheide:** Sie stellen das Bestehen oder Nichtbestehen eines Rechts oder Rechtsverhältnisses verbindlich fest (zB Feststellung, ob eine Grundfläche Wald iS des Forstgesetzes ist).

- **Akte der unmittelbaren verwaltungsbehördlichen Befehls- und Zwangsgewalt**: Dies sind entweder Anordnungen (zB Anhalten eines Kfz-Lenkers) oder Zwangsmaßnahmen (zB Festnahme, Abschleppen eines Kfz), die ohne besonderes Verfahren erlassen bzw gesetzt werden.
- **Weisungen** sind verwaltungsinterne Anordnungen, die von vorgesetzten Verwaltungsorganen (Organwaltern) gegenüber nachgeordneten Verwaltungsorganen (Organwaltern) erlassen werden. Sie können individuell-konkret sein oder generell-abstrakt (generell-abstrakte Weisungen werden manchmal als „**Erlässe**" bezeichnet).

Verwaltungsorgane schließen aber auch privatrechtliche Verträge ab (zB Mietverträge, Förderungsverträge), führen Unternehmen (zB Beförderungsunternehmen) – handeln also in vielen Bereichen wie Private. Man bezeichnet diesen Bereich, in dem Verwaltungsorgane privatrechtlich handeln, als **Privatwirtschaftsverwaltung**. Auf dieses Handeln sind die privatrechtlichen Regelungen anzuwenden. Zur Durchsetzung sind die **ordentlichen Gerichte** zuständig.

HINWEIS: Unterscheiden Sie die Begriffspaare „Verfassungsrecht im materiellen Sinn“ – „Verfassungsrecht im formellen Sinn“ und „Gesetz im materiellen Sinn“ – „Gesetz im formellen Sinn“:

Verfassungsrecht im materiellen Sinn: Als Verfassungsrecht im materiellen Sinn bezeichnet man Regelungen, die den **Aufbau, die Organisation und die „Machtverteilung“ in einem Staat** regeln. Ob es sich bei einer Regelung um Verfassungsrecht im materiellen Sinn handelt, erkennt man, wenn man den Inhalt der Regelung betrachtet.

Verfassungsrecht im formellen Sinn: Regelungen, die vom Gesetzgebungsorgan in einem bestimmten – erschwerten – **Rechtserzeugungsverfahren** (= einer bestimmten **Form**) erzeugt wurden. Um Verfassungsrecht im formellen Sinn zu erzeugen, müssen im Nationalrat mindestens die Hälfte der Mitglieder anwesend sein, davon müssen mindestens 2/3 zustimmen. Die Gesetze bzw Bestimmungen sind ausdrücklich als „Verfassungsgesetz“ bzw „Verfassungsbestimmung“ zu bezeichnen.

Gesetz im materiellen Sinn: Generell-abstrakte Regelungen, die Außenwirkung haben, werden als „Gesetz im materiellen Sinn“ bezeichnet. Dies können insb Gesetze, aber auch Verordnungen sein. Ob es sich bei einer Regelung um ein Gesetz im materiellen Sinn handelt, erkennt man, wenn man den Inhalt der Regelung betrachtet.

Gesetz im formellen Sinn: Regelungen, die von einem Gesetzgebungsorgan in einem bestimmten **Rechtserzeugungsverfahren** (= einer bestimmten **Form**) erzeugt wurden, und zwar in einem **Gesetzgebungsverfahren**.

5. VERWALTUNGSVERFAHREN

Verwaltungsvorschriften normieren Rechte und Pflichten, die für den Einzelfall zu individualisieren und zu konkretisieren sind. Dies erfolgt in der Regel durch **Bescheid**. Dieser ist nach Durchführung eines **förmlichen Verfahrens** zu erlassen.

a. Parteistellung

Damit Personen **Einfluss auf die Entscheidung** haben können, müssen sie in das Bescheiderlassungsverfahren einbezogen werden. Das AVG normiert, dass Personen, die an der Sache, die in dem Verfahren entschieden werden soll, aufgrund „eines Rechtsanspruches oder eines rechtlichen Interesses beteiligt" sind (§ 8 AVG), verpflichtend einbezogen werden müssen: sie haben im Verwaltungsverfahren **Parteistellung**. Ein Teilnahmerecht für „jedermann" (Bürgerbeteiligungsverfahren) ist nur in ganz besonderen Einzelfällen vorgesehen (zB Umweltverträglichkeitsprüfung).

Die Stellung als **Partei** gewährt eine bedeutende Möglichkeit der Einflussnahme auf die behördliche Entscheidung. Insb sind

- den Parteien alle Ermittlungsergebnisse zur Kenntnis zu bringen und es ist ihnen die Möglichkeit zur Stellungnahme einzuräumen (**Parteiengehör**),
- Parteien haben ein Recht auf **Akteneinsicht**,
- die Entscheidung des staatlichen Organs ist ihnen **zuzustellen** und
- sie können gegen eine Entscheidung ein **Rechtsmittel** ergreifen. Damit wird die Entscheidung des staatlichen Organs überprüft.

Auf Grund der Parteistellung haben Personen auch die Möglichkeit, die behördliche Entscheidung überprüfen zu lassen – maW: sie haben ein **subjektives Recht.** Der im objektiven Recht (in den einfachgesetzlichen Verwaltungsvorschriften) normierte Rechtsanspruch bzw das rechtliche Interesse wird dadurch zu einem subjektiven Recht (vgl dazu auch die Definition auf S. 52).

Oft ist nicht ausdrücklich normiert, ob eine Regelung ein subjektives Recht einräumt. Dabei geht man davon aus, dass im Zweifel derjenige, in dessen (überwiegendem) Interesse eine Regelung erlassen wurde, ein subjektives Recht hat (**Schutznormtheorie**).

An einem Beispiel soll gezeigt werden, von welchen Überlegungen im Sinne der Schutznormtheorie auszugehen wäre, wenn keine ausdrücklichen Regelungen bestehen, die subjektive Rechte einräumen:

> Bauordnungen (oder: Baugesetze) regeln, dass größere Bauvorhaben nur mit staatlicher Bewilligung errichtet werden dürfen und normieren die Voraussetzungen, die vorliegen müssen, damit die Bewilligung erteilt werden darf. Die Bauvorschriften sehen zum Beispiel vor, dass ein bestimmter Seitenabstand zu einem bestimmten Nachbarn einzuhalten ist. Weiters ist ein bestimmter Abstand zur Straßenfluchtlinie (= Abgrenzung zur öffentlichen Verkehrsfläche) einzuhalten.
> Im Großen und Ganzen sehen die Bauvorschriften ausdrücklich vor, wer als Partei in das Verfahren einzubeziehen ist:
>
> Nach den Vorschriften der Bauordnungen haben jedenfalls die Bauwerber*innen ein subjektives Recht auf Bewilligung ihrer Vorhaben, wenn sie die gesetzlichen Bauvorschriften einhalten.
>
> Wird nicht geregelt, ob der bestimmte Nachbar im Verfahren, in dem es um den Seitenabstand und den Abstand zur Straßenfluchtlinie geht, ein subjektives Recht und damit Parteistellung hat, ist im Sinne der Schutznormtheorie zu überlegen, ob eine gesetzliche Regelung im überwiegenden Interesse des Nachbarn getroffen wurde.
>
> Dies ist bei den Regelungen über den Seitenabstand der Fall – denn hier sind überwiegend Interessen des bestimmten Nachbarn betroffen (insb in Bezug auf den Lichteinfall). Daher kann dieser Nachbar die Einhaltung des Seitenabstandes zu seinem Grundstück durchsetzen.
>
> Anders ist das bei der Regelung über den Abstand zur Straßenfluchtlinie: Diese Bestimmung liegt mehr im Interesse der Öffentlichkeit, daher hat der betroffene Nachbar insoweit kein subjektives Recht auf Einhaltung dieses Abstandes.

b. Natürliche und juristische Personen

Unter **Personen** sind im vorliegenden Zusammenhang sowohl **natürliche Personen** (Menschen) als auch **juristische Personen** zu verstehen.

Die Rechtsordnung sieht vielfach vor, dass auch **außermenschliche Gebilde Träger von Rechten und Pflichten** sein können; man nennt solche Gebilde „**juristische Personen**". Es handelt sich dabei um rechtliche Konstruktionen, die verschieden ausgestaltet sein können. Welche Gebilde Rechte und Pflichten haben können und daher juristische Personen sind, ist der Rechtsordnung zu entnehmen.

Nun können aber rechtliche Einheiten nicht selber handeln. Sie brauchen natürliche Personen, die ermächtigt sind – weil sie eine bestimmte Funktion für die juristische Person ausüben (wir sprechen auch von Organfunktion) – für die juristische Person zu handeln. Die natürliche Person, die eine Organfunktion innehat, wird auch als Organwalter bezeichnet. Handelt eine natürliche Person, die eine Organfunktion innehat, in dieser Funktion für die juristische Person, dann entfalten sich die **Rechtswirkungen des Handelns bei der juristischen Person** (und nicht bei der natürlichen Person). Die juristische Person wird berechtigt oder verpflichtet.

> Eine juristische Person – etwa ein Verein – ist Eigentümerin eines Grundstücks und möchte auf diesem ein Haus errichten. Dazu muss ein Mensch, der eine Organfunktion innehat und damit ermächtigt ist, für diesen Verein zu handeln, um die Erteilung der Bewilligung für den Verein ansuchen. Das Handeln wird diesfalls der juristischen Person zugerechnet. Dies bedeutet, das Handeln hat Rechtswirkungen für die juristische Person (nicht für die natürliche Person).

c. Ablauf des Verfahrens

1. Die Einleitung eines Verwaltungsverfahrens kann – je nach anzuwendenden Verwaltungsvorschriften – auf Antrag einer Person oder von Amts wegen erfolgen.

2. Im Verfahren ist der entscheidungsrelevante Sachverhalt zu ermitteln, dazu sind Beweise einzuholen (Zeugeneinvernahme, Lokalaugenschein, Sachverständigengutachten, …). Das Ergebnis der Beweisaufnahme unterliegt der „freien Beweiswürdigung" der Behörde, dh sie ist nicht durch formelle Beweisregeln gebunden, sondern hat auf Grund eigener Beurteilung den maßgeblichen Sachverhalt festzustellen.

3. Über das Ergebnis des Ermittlungsverfahrens ist den Parteien von Amts wegen Gelegenheit zur Stellungnahme zu geben (Parteiengehör).

4. Der so ermittelte Sachverhalt ist rechtlich zu beurteilen. Die Verwaltungsbehörde ist verpflichtet, über einen Antrag einer Person mit Bescheid zu entscheiden. Die Entscheidung ist – unter Anführung der gesetzlichen Grundlagen – in einem „Spruch" zusammenzufassen. In der „Begründung" sind die wesentlichen Überlegungen anzuführen, die zum Spruch geführt haben.

5. Der Bescheid ist den Parteien zuzustellen.

6. Sie haben dann die Möglichkeit, innerhalb einer bestimmten Frist (in der Regel vier Wochen) ein Rechtsmittel zu ergreifen und dadurch den Bescheid in Hinblick auf dessen Rechtmäßigkeit überprüfen zu lassen.

Werden keine Rechtsmittel ergriffen, so wird der Bescheid **rechtskräftig**. Mit dem Begriff der „Rechtskraft“ bezeichnet man verschiedene Rechtswirkungen. Wenn ein Bescheid „rechtskräftig“ ist, ist er grundsätzlich

- **verbindlich** (er sagt endgültig, was rechtens ist),
- für die Parteien **unanfechtbar**,
- für die Behörde **unabänderlich** und **unwiderruflich** und
- es darf **keine neuerliche Entscheidung in derselben Sache** erfolgen (**ne bis in idem**).

Die **Rechtskraft dient der Rechtssicherheit**. Sie kann daher auch nur in bestimmten Ausnahmefällen durchbrochen werden (zB bei Fälschung eines Beweismittels).

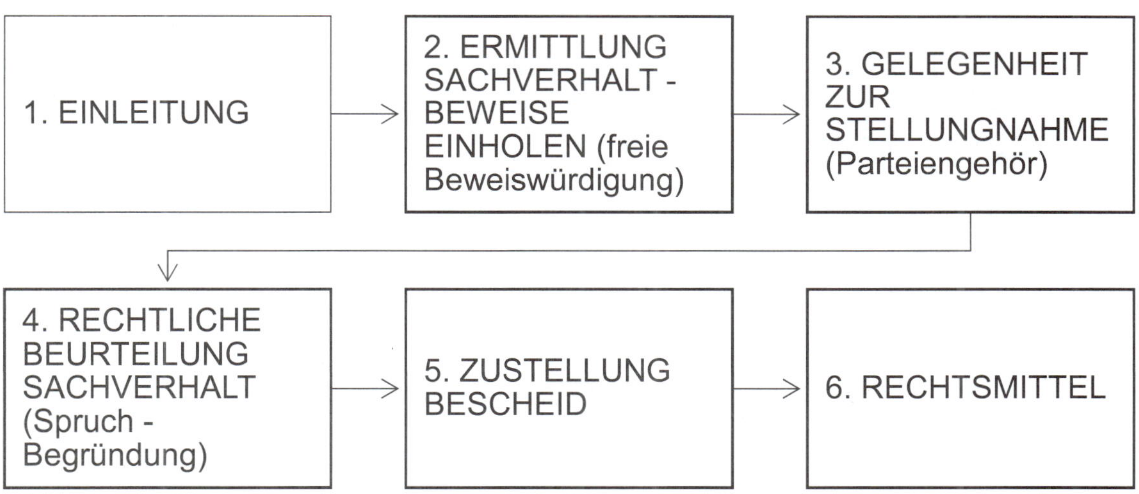

d. Besonderheiten des Verwaltungsstrafrechts

Das **Verwaltungsstrafgesetz (VStG)** normiert einige verfahrensrechtliche Besonderheiten:

Das ordentliche Verfahren endet mit einem Straferkenntnis (einem Bescheid) oder durch Einstellung des Verfahrens – ein „Freispruch“, wie dies im gerichtlichen Strafverfahren möglich ist (vgl dazu die Ausführungen auf S. 76 ff), ist im VStG nicht vorgesehen.

Es gibt auch Entscheidungen, die in „**abgekürzten Verfahren**“, ohne vorangehendes Ermittlungsverfahren, erlassen werden. Sie haben in der Praxis große Bedeutung, es sind dies

- **Strafverfügungen**.
- **Anonymverfügungen**. Anonymverfügungen sind eine Art Strafverfügungen, mit denen eine Geldstrafe gegen eine **unbekannte** Täter*in (diese werden also von der Behörde nicht ausgeforscht) verhängt werden. Sie können bei geringfügigen Verwaltungsübertretungen Personen zugestellt werden, von der die Behörde mit Grund annehmen kann, dass sie entweder selbst die Tat begangen haben oder dass sie die Täter*in kennen oder leicht feststellen können (zB Zulassungsbesitzer eines Kfz).
- **Organstrafverfügungen**. Bei geringfügigen Verwaltungsübertretungen können unmittelbar von besonders geschulten Organen der öffentlichen Aufsicht wegen bestimmter von ihnen dienstlich wahrgenommener oder vor ihnen eingestandener Verwaltungsübertretungen geringfügige Geldstrafen verhängt werden (zB bei Ausstellung einer „Parkstrafe“).

Gegen die **Strafverfügung** kann binnen zwei Wochen ab Zustellung **Einspruch** erhoben werden.

Ein Rechtsmittel gegen **Anonymverfügungen und Organstrafverfügungen** ist hingegen nicht vorgesehen; sie werden gegenstandslos, wenn die Einzahlung des Strafbetrages nicht fristgerecht erfolgt. Diesfalls wird ein **Verwaltungsstrafverfahren eingeleitet**.

Weiters enthält das VStG Bestimmungen über **Sicherungsmaßnahmen** (Festnahme: § 35 VStG, Beschlagnahme: § 39 VStG).

Nach Verstreichen einer bestimmten Frist dürfen strafbare Handlungen nicht mehr verfolgt werden bzw darf kein Strafbescheid mehr erlassen werden oder eine verhängte Strafe nicht mehr vollstreckt werden (= **Verjährung:** Verfolgungs-; Strafbarkeits-, Vollstreckungsverjährung).

6. RECHTSSCHUTZ

Für die verschiedenen Rechtsakte im Verwaltungsrecht gibt es verschiedene Rechtsschutzverfahren.

Der Rechtsschutz **im Verwaltungsverfahren** knüpft an die Rechtsform **Bescheid** an.

Gegen einen Bescheid kann innerhalb einer bestimmten Rechtsmittelfrist (in der Regel vier Wochen) **Beschwerde** an

- das **Bundesverwaltungsgericht** (insb in Angelegenheiten der unmittelbaren Bundesverwaltung) oder
- **Bundesfinanzgericht** (in Abgabensachen des Bundes) oder
- eines der neun **Landesverwaltungsgerichte** (insb in Angelegenheiten der mittelbaren Bundesverwaltung und der Landesverwaltung) erhoben werden.

Durch Bundes- oder Landesgesetz kann anstelle der Erhebung einer Beschwerde beim Verwaltungsgericht ein Instanzenzug von der Verwaltungsbehörde an ein ordentliches Gericht vorgesehen werden (Art 94 Abs 2 B-VG). Für Angelegenheiten des eigenen Wirkungsbereichs der Gemeinde kann ein innergemeindlicher Instanzenzug vorgesehen werden.

Einer Beschwerde gegen einen Bescheid kommt grundsätzlich „**aufschiebende Wirkung**" zu, dh während des anhängigen Beschwerdeverfahrens darf von einem verliehenen Recht noch kein Gebrauch gemacht werden bzw darf eine Leistungsverpflichtung noch nicht vollstreckt werden.

Hat eine Partei Anspruch auf Erlassung eines Bescheides und wird dieser nicht – innerhalb einer gesetzlich normierten Frist (in der Regel 6 Monate) – erlassen, dann ist die Behörde „säumig". Die Partei hat in diesem Fall die Möglichkeit, **Säumnisbeschwerde** an das zuständige Verwaltungsgericht zu erheben, das dann entscheiden kann. Verletzt ein Verwaltungsgericht die Entscheidungspflicht, kann

beim Verwaltungsgerichtshof ein Fristsetzungsantrag eingebracht werden. Die Verwaltungsgerichte haben in der Regel mit **Erkenntnis** in der Sache zu entscheiden.

Gegen ein **Erkenntnis eines Verwaltungsgerichts** kann – wie bereits im Kapitel „Verfassungsrecht“ angesprochen – **Revision** an den **Verwaltungsgerichtshof (VwGH)** erhoben werden (Art 133 B-VG). Dieser kann die Entscheidung aufheben oder in der Sache selbst entscheiden.

Darüber hinaus können die Parteien gegen das Erkenntnis eines Verwaltungsgerichts **Beschwerde** an den **Verfassungsgerichtshof (VfGH)** mit der Begründung der Verletzung verfassungsgesetzlich gewährleisteter Rechte erheben (Art 144 B-VG). Der VfGH kann die Entscheidung nur aufheben **(Kassationsprinzip)**.

Gegen Akte der unmittelbaren verwaltungsbehördlichen **Befehls- und Zwangsgewalt** kann ebenfalls **Beschwerde** (Maßnahmenbeschwerde) an das zuständige **Verwaltungsgericht** erhoben werden; dieses kann im Allgemeinen nur feststellen, ob der Akt rechtswidrig war, was Konsequenzen in einem Amtshaftungsverfahren haben kann.

Zur Überprüfung von **Verordnungen** ist – auch das wurde bereits im Kapitel „Verfassungsrecht“ angesprochen – ausschließlich der **Verfassungsgerichtshof** befugt (Art 139 B-VG). Dieser kann gesetzwidrige Verordnungen aufheben (**Kassationsprinzip**).

Im Bereich der **Privatwirtschaftsverwaltung** besteht der zivilrechtliche Rechtsschutz durch die **ordentlichen Gerichte**, die die Zivilprozessordnung (ZPO) anzuwenden und über Ansprüche in der Regel durch Urteil zu entscheiden haben. Gegen die Entscheidungen bestehen Rechtsmittel (gegen Urteile die Berufung). Oberste Instanz in Zivilrechtssachen ist nach Art 92 B-VG der Oberste Gerichtshof (OGH).

C. STRAFRECHT

1. BEGRIFF

Jede Rechtsordnung schützt bestimmte Rechtsgüter, wie zB Leben, körperliche Unversehrtheit, persönliche Freiheit und Eigentum. Im Hinblick auf das liberale Grundprinzip darf – wie bereits im Kapitel „Verfassungsrecht" ausgeführt – selbst der Staat in diese Bereiche nicht oder nur aus bestimmten Gründen eingreifen. Das **Strafrecht** schützt diese Bereiche, indem ein bestimmtes Verhalten verboten wird und das Zuwiderhandeln mit Sanktion (insb Strafe) bedroht wird.

Strafrecht wird entweder von Verwaltungsbehörden oder von Gerichten vollzogen; dementsprechend kann man zwischen

- Verwaltungsstrafrecht und
- gerichtlichem Strafrecht

unterscheiden.

Mit der Verhängung von Strafen werden verschiedene **Zwecke** verfolgt, insb die Generalprävention und die Spezialprävention.

- Im Sinne einer **Generalprävention** werden Strafen angedroht und verhängt, um der Begehung strafbarer Handlungen durch andere (allgemein) entgegenzuwirken.
- Die **Spezialprävention** zielt demgegenüber darauf ab, die Täter*in selbst von strafbaren Handlungen abzuhalten.

Das Üben von Vergeltung als Strafzweck wird heute abgelehnt.

2. GLIEDERUNG

Das **materielle gerichtliche Strafrecht** ist vor allem im Strafgesetzbuch (**StGB**) geregelt.

Es gliedert sich in einen **Allgemeinen Teil**, in dem grundlegende Bestimmungen über Strafbarkeit und Rechtsfolgen getroffen werden, und in einen **Besonderen Teil**, der einen umfangreichen Katalog der zentralen strafrechtlichen Delikte enthält.

Dazu zählen etwa: strafbare Handlungen

- gegen Leib und Leben (Mord, Totschlag, Tötung eines Kindes bei der Geburt, Fahrlässige Tötung, Körperverletzung, Unterlassung der Hilfeleistung, ...),
- gegen die Freiheit (Entführung, Nötigung, ...),
- gegen die Ehre (üble Nachrede, ...),
- gegen fremdes Vermögen (Sachbeschädigung, Diebstahl, Raub, Erpressung, ...),
- gegen die Sicherheit des Verkehrs mit Geld, Wertpapieren, Wertzeichen und unbaren Zahlungsmitteln,
- gegen den öffentlichen Frieden,
- gegen die Rechtspflege (zB falsche Beweisaussage),
- Verletzungen der Amtspflicht, Korruption und verwandte strafbare Handlungen, Missbrauch der Amtsgewalt.

Daneben gibt es auch andere Gesetze, die für die Verwirklichung bestimmter Straftatbestände gerichtlich zu vollziehende Strafen androhen, wie zB das Suchtmittelgesetz, das Verbotsgesetz und das Militärstrafgesetz.

3. VERFASSUNGSRECHTLICHE GRUNDLAGEN

Verfassungsrechtlich sind bestimmte Grundsätze für das Strafrecht normiert; insb:

- Nach Art 7 EMRK darf niemand wegen einer Handlung oder Unterlassung verurteilt werden, die **zur Zeit ihrer Begehung** nach inländischem oder internationalem Recht nicht strafbar war. Ebenso darf **keine höhere Strafe** als die im Zeitpunkt der Begehung der strafbaren Handlung angedrohte Strafe verhängt werden. Damit wird der Grundsatz „**keine Strafe ohne Gesetz**" (nulla poena sine lege) verankert (vgl auch § 1 StGB). Aus dieser Bestimmung ergibt sich damit ein **Rückwirkungsverbot** für **bestimmte Fälle** und auch ein **Analogieverbot** für bestimmte Fälle (vgl dazu die Ausführungen betreffend Methodischen Grundlagen auf S. 128 ff).
- Nach Art 85 B-VG (und Regelungen der EMRK): ist „die **Todesstrafe** ... abgeschafft"; sie darf also nicht mehr vorgesehen oder verhängt werden.
- Art 91 B-VG sieht – im Sinne des demokratischen Grundprinzips – eine **Mitwirkung des Volkes** an der Rechtsprechung vor: Bei den mit schweren Strafen bedrohten Verbrechen sowie bei allen politischen Verbrechen und Vergehen haben nach Art 91 B-VG **Geschworene** jedenfalls über die Schuld des Angeklagten zu entscheiden. In Strafverfahren wegen anderer strafbarer Handlungen haben **Schöffen** an der Rechtsprechung teilzunehmen, wenn die zu verhängende Strafe ein vom Gesetz zu bestimmendes Maß überschreitet.
- Im gerichtlichen Strafverfahren gilt der **Anklageprozess**; der berechtigte Ankläger (Staatsanwalt; in manchen Fällen gibt es auch einen Privatankläger) und das Organ, das das Urteil erlassen soll (Richter), sind getrennt (Art 90 Abs 2 B-VG). Der **Staatsanwalt** ist ein Organ, das im gerichtlichen Strafverfahren den Staat als Ankläger vertritt. Er untersteht dem Bundesminister für Justiz und ist diesem gegenüber weisungsgebunden (Art 90a B-VG). Dieser Grundsatz gilt nicht für das Verwaltungsstrafverfahren; in diesem ist die Verwaltungsbehörde das verfahrenseinleitende und das entscheidende Organ (**Inquisitionsprinzip**).
- Art 6 EMRK garantiert ein Recht auf ein **faires Verfahren**. Dazu gehört ua das Recht auf **Verteidigung**, dh Argumente gegen die Beschuldigung vorzubringen und sich auch durch einen Rechtsbeistand beraten und vertreten zu lassen.

- Nach Art 6 Abs 2 EMRK gilt die **Unschuldsvermutung**; dh bis zum Nachweis seiner Schuld wird vermutet, dass der wegen einer strafbaren Handlung Angeklagte unschuldig ist.
- Für das Verfahren sieht das B-VG die **Mündlichkeit** und die **Öffentlichkeit** vor – Art 90 Abs 1 B-VG (ähnlich Art 6 EMRK); Ausnahmen sind aus bestimmten Gründen zulässig.
- Nach Art 92 Abs 1 B-VG ist der **Oberste Gerichtshof** oberste Instanz in Zivil- und Strafrechtssachen.

4. VORAUSSETZUNGEN DER STRAFBARKEIT

Ein Verhalten ist – vereinfacht gesprochen – nur dann strafbar, wenn

- die Handlung einen im Gesetz genannten **Tatbestand** (objektive und subjektive Tatbestandsmerkmale) erfüllt,
- **Rechtswidrigkeit** gegeben ist und
- die Täter*in **schuldhaft handelt.**

a. Die Erfüllung des Tatbestandes

Im Zusammenhang mit der Tatbestandsmäßigkeit kann man zwischen **objektiven** und **subjektiven** Tatbestandsmerkmalen unterscheiden:

Im Zusammenhang mit den **objektiven Tatbestandsmerkmalen** wird geprüft, ob

- die Handlung einen im Gesetz genannten **Tatbestand** erfüllt.
- Bei **Erfolgsdelikten** (das sind Delikte, bei denen der Tatbestand die Herbeiführung eines Erfolges verlangt – zB bei Mord den Tod eines Menschen) muss das Handeln der Täter*in auch **kausal** (ursächlich) für den Erfolg gewesen sein.
- Da nicht jedes kausale Handeln zur Strafbarkeit führen soll, erfolgt hier eine Einschränkung. Es muss ein **Risikozusammenhang** zwischen dem kausalen Handeln und dem Erfolg bestehen. Daher wird ein verursachter Erfolg dem

Verursacher nur dann zugerechnet, wenn er sich als Realisierung des Risikos erweist, dessen Abwendung die verletzte Verhaltensnorm bezweckt.

- Die **Täterschaftsformen**:

  - Nach dem StGB ist nicht nur die **unmittelbare Täter*in**, also diejenige Person, die die Tat verübt (dh unmittelbar ausübt) strafbar.

  - Auch die Person, die jemanden dazu anstiftet, eine strafbare Handlung zu begehen (dh in der unmittelbaren Täter*in den Vorsatz erweckt; **Bestimmungstäter*in**), und

  - die Person, die in irgendeiner Weise an der Tatbegehung mitwirkt (dh einen Beitrag leistet; **Beitragstäter*in**), ist strafbar.

- Im Zusammenhang mit den **subjektiven Tatbestandsmerkmalen** ist zwischen **Vorsatzdelikten** und **Fahrlässigkeitsdelikten** zu unterscheiden und zu prüfen, ob die jeweiligen Merkmale erfüllt sind:

  - **Vorsätzlich** handelt, wer einen Sachverhalt verwirklichen will, der einem gesetzlichen Tatbild entspricht; dazu genügt es, dass die Täter*in diese Verwirklichung ernstlich für möglich hält und sich damit abfindet (**dolus eventualis**);

  - Die Täter*in handelt **absichtlich,** wenn es ihr bzw ihm darauf ankommt, den Umstand oder Erfolg zu verwirklichen, für den das Gesetz absichtliches Handeln voraussetzt.

  - Die Täter*in handelt **wissentlich**, wenn sie bzw er den Umstand oder Erfolg, für den das Gesetz Wissentlichkeit voraussetzt, nicht bloß für möglich hält, sondern sein Vorliegen oder Eintreten für gewiss hält (§ 5 StGB).

  - Bei Vorsatzdelikten ist in der Regel auch der **Versuch** strafbar.

  - **Fahrlässig** handelt, wer die Sorgfalt außer Acht lässt, zu der er nach den Umständen verpflichtet und nach seinen geistigen und körperlichen Verhältnissen befähigt ist und die ihm zuzumuten ist, und der deshalb nicht erkennt, dass er einen Sachverhalt verwirklichen könne, der einem gesetzlichen Tatbild entspricht. Fahrlässig handelt auch, wer es für möglich

hält, dass er einen solchen Sachverhalt verwirkliche, ihn aber nicht herbeiführen will (§ 6 StGB).

b. Rechtswidrigkeit

Rechtswidrig handelt, wer einen gesetzlichen Tatbestand, der in einer Strafnorm umschrieben ist, erfüllt.

Die **Rechtswidrigkeit entfällt**, wenn ein **Rechtfertigungsgrund** vorliegt.

Rechtfertigungsgründe sind zB

- **Notwehr:** Wenn die Täter*in sich nur der Verteidigung bedient hat, die notwendig war, um einen gegenwärtigen oder unmittelbar drohenden rechtswidrigen Angriff auf Leben, Gesundheit, körperliche Unversehrtheit, Freiheit oder Vermögen von sich oder einem anderen abzuwehren (§ 3 StGB; zB wenn ein Angreifer*in niedergeschlagen und dabei am Körper verletzt wird).
- **rechtfertigender Notstand:** Wenn unmittelbar ein bedeutender Nachteil für ein Rechtsgut der Täter*in oder eines Dritten droht und der Eingriff in das fremde Rechtsgut das einzige bzw schonendste Mittel darstellt, um ein höherwertiges Rechtsgut zu schützen (zB: jemand steht im Schneesturm und kann sein Leben nur dadurch retten, dass er die Tür einer versperrten Hütte aufbricht und sie dabei beschädigt).

c. Schuldhaftigkeit

Strafbar ist nur, wer **schuldhaft handelt** (§ 4 StGB), dh, dass das Verhalten der Täter*in persönlich zum Vorwurf gemacht werden kann.

Schuldunfähigkeit besteht

- bis zum vollendeten 14. Lebensjahr (für Jugendliche – also Personen, die das vierzehnte, aber noch nicht das achtzehnte Lebensjahr vollendet haben – bestehen Sonderregelungen nach dem Jugendgerichtsgesetz 1988 – JGG).
- bei Vorliegen von psychischen Störungen (Zurechnungsunfähigkeit).

- Wenn Entschuldigungsgründe vorliegen (zB entschuldigender Notstand, irrtümliche Annahme eines entschuldigenden Sachverhaltes) ist das Verhalten zwar rechtswidrig, es ist aber ebenfalls nicht strafbar.

d. Verjährung

Wie bereits im Zusammenhang mit dem Verwaltungsstrafrecht ausgeführt wurde, gibt es Regelungen über eine **Verjährung**, sodass strafbare Handlungen uU nicht mehr verfolgt oder bestraft werden dürfen oder die verhängte Strafe nicht vollstreckt werden darf.

5. GERICHTLICHES STRAFVERFAHREN

In einem Strafprozess ist zu entscheiden, ob jemand eine gerichtlich zu ahndende Straftat begangen hat und wie er dafür zu bestrafen ist. Das gerichtliche Strafverfahren ist hauptsächlich in der **Strafprozessordnung** 1975 (**StPO**) geregelt, Sonderregelungen bestehen etwa für das Verfahren bei Jugendstraftaten (geregelt im Jugendgerichtsgesetz 1988 – JGG).

Man kann zwischen Ermittlungsverfahren, Hauptverfahren und Rechtsmittelverfahren unterscheiden:

Das **Ermittlungsverfahren** beginnt mit der ersten Ermittlungshandlung (zB Vernehmung), die die Kriminalpolizei oder die Staatsanwaltschaft aufgrund eines Anfangsverdachtes vornehmen.

- Nach dem Gesetz leitet die Staatsanwaltschaft das Ermittlungsverfahren. Oft ermittelt die Kriminalpolizei aber selbständig und schickt erst ihren Abschlussbericht an die **Staatsanwaltschaft**.

  Diese entscheidet dann, ob sie

  - das Ermittlungsverfahren **einstellt** (wenn die Tat nicht strafbar ist oder kein hinreichender Verdacht gegen den Beschuldigten besteht) oder

  - **Anklage** erhebt.

- Bei leichten oder mittelschweren Taten kann die Staatsanwaltschaft den Beschuldigten auch anbieten, das Verfahren gegen Erbringung bestimmter Leistungen (zB Zahlung eines Geldbetrages, gemeinnützige Leistungen) zu beenden (**Diversion**). Nehmen die Beschuldigten den Vorschlag an, dann wird das Verfahren eingestellt und die Beschuldigten gelten als nicht vorbestraft. Die Zustimmung zur Diversion wird nicht als Geständnis gewertet.

Das **Hauptverfahren** beginnt mit der **Erhebung der Anklage** durch den Staatsanwalt.

- Es findet
  - vor dem **Bezirksgericht** (Einzelrichter) oder
  - vor dem **Landesgericht** statt, wobei das Landesgericht als
    - Einzelrichter,
    - als **Schöffengericht** (ein oder zwei Berufsrichter*innen und zwei Laienrichter*innen = Schöffen) oder
    - als **Geschworenengericht** (Schwurgerichtshof = 3 Berufsrichter*innen und Geschworenenbank – mit 8 Laienrichtern*innen = Geschworene)
  - **zuständig** sein kann. Die Zuständigkeit richtet sich nach der Schwere der Strafdrohung bzw Art des Delikts.

In der Regel kommt es zu einer **öffentlichen und mündlichen Hauptverhandlung**. Neben den bereits im Zusammenhang mit den verfassungsrechtlichen Grundlagen genannten Grundsätzen des Verfahrens gelten ua auch der Grundsatz der **Unmittelbarkeit** (das Gericht darf nur auf Grund des unmittelbaren persönlichen Eindrucks, den es von den Angeklagten und den Beweismitteln in der Hauptverhandlung gewinnt, sein Urteil über Schuld und Strafe bilden; Richter*innen müssen ständig anwesend sein); der Grundsatz der **freien Beweiswürdigung** und des **Parteiengehörs**.

Das Gericht entscheidet durch **Urteil**, in dem entweder

- auf **Freispruch** entschieden wird oder

- eine **Verurteilung** ausgesprochen wird.

Dabei ist vor allem auszusprechen, welche Tat begangen wurde und zu welcher Strafe die Täter*in verurteilt wird.

Bestehen Zweifel, darf keine Verurteilung erfolgen („**in dubio pro reo**").

Seit 2015 gibt es auch ein vereinfachtes Verfahren (**Mandatsverfahren**): Das Bezirksgericht oder das Landesgericht als Einzelrichter kann aufgrund der Anklage und der Ergebnisse des Ermittlungsverfahrens **ohne Hauptverhandlung** eine schriftliche Strafverfügung erlassen. Angeklagte dürfen jedoch nur zu einer Geldstrafe oder einer bedingten Freiheitsstrafe von nicht mehr als einem Jahr verurteilt werden. Dagegen können sie ohne Angabe von Gründen **Einspruch** erheben. Dann kommt es wie üblich zur Hauptverhandlung. Erheben sie keinen Einspruch, wirkt die Strafverfügung wie ein Urteil, dh die Betroffenen sind vorbestraft.

Als **Strafen** kommen **Freiheitsstrafen** und/oder **Geldstrafen** in Betracht, wobei das StGB immer einen Strafrahmen normiert.

Die **Geldstrafe ist in Tagessätzen** zu bemessen. Grundlage für die Bemessung der Strafe ist die Schuld der Täter*in. Bei Bemessung der Strafe hat das Gericht Erschwerungs- und Milderungsgründe gegeneinander abzuwägen.

Strafen können auch **bedingt**, dh unter Festlegung einer Probezeit verhängt werden. Die bedingte Strafnachsicht kann widerrufen werden, wenn während der Probezeit eine strafbare Handlung begangen wird oder Weisungen des Gerichtes oder der Bewährungshilfe nicht befolgt werden.

Neben Strafen kennt das Strafrecht auch „**vorbeugende Maßnahmen**". Diese Art der Sanktion, die keine Strafe darstellt, knüpft nicht an der Schuld der Täter*in an, sondern ausschließlich an ihre besondere Gefährlichkeit (zB Unterbringung in einer Anstalt für geistig abnorme Rechtsbrecher).

Das **Rechtsmittelverfahren** beginnt, wenn gegen Urteile des Bezirksgerichts und des Landesgerichts als Einzelrichter an das Landes- bzw Oberlandesgericht ein Rechtsmittel (idR Berufung) erhoben wird.

- Gegen Urteile des Schöffengerichts und des Geschworenengerichts kann aus bestimmten Gründen **Nichtigkeitsbeschwerde** an den Obersten Gerichtshof

erhoben werden; parallel dazu gibt es die Berufung wegen der Strafhöhe an das Oberlandesgericht.

Dabei gilt das **Verschlechterungsverbot** (**Verbot der reformatio in peius**): Wird ein Rechtsmittel nur **zu Gunsten der Beschuldigten** erhoben, dürfen die Beschuldigten durch den Inhalt einer darüber ergehenden gerichtlichen Entscheidung nicht schlechter gestellt werden, als wenn die Entscheidung nicht angefochten worden wäre.

Rechtskräftige Verurteilungen sind im **Strafregister** einzutragen, Strafregisterauskünfte und -bescheinigungen sind unter gewissen Voraussetzungen zu geben bzw auszustellen (vgl das Strafregistergesetz). Nach einer gewissen Frist werden die meisten Verurteilungen aus dem Strafregister ex lege (dh ohne, dass ein behördliches Handeln gesetzt werden muss, von Gesetzes wegen) getilgt (vgl das Tilgungsgesetz).

III. RECHT UND STAAT UND INTERNATIONALE DIMENSIONEN DES RECHTS

A. RECHT UND STAAT	B. VÖLKERRECHT	C. EUROPARECHT

A. RECHT UND STAAT

1. DER BEGRIFF „STAAT"

Wir haben im ersten Teil Rechtsnormen von anderen Normen dadurch begrifflich unterschieden, dass nur solche Normen als Rechtsnormen bezeichnet wurden, die von einer staatlichen Autorität gesetzt (= erlassen) wurden und allenfalls mit Hilfe staatlicher Zwangsmaßnahmen durchgesetzt werden sollen. Es besteht also ein enger **Zusammenhang zwischen Recht und Staat**.

Wann aber spricht man im rechtlichen Sinn von einem Staat? Üblicherweise wird darauf abgestellt, dass die Staatsgewalt

- in einem abgegrenzten Gebiet (**Staatsgebiet**)
- eine im Großen und Ganzen wirksame **Staatsgewalt**
- über eine bestimmte Bevölkerung (**Staatsvolk**)

ausgeübt wird. Diese drei Voraussetzungen werden auch als „Drei-Elemente-Lehre" bezeichnet.

Ergänzend kommt dazu, dass durch diese Elemente gekennzeichnete Staaten durch andere Staaten **völkerrechtlich anerkannt** werden. Nach herrschender Auffassung ist diese Anerkennung aber nicht konstitutiv, sondern nur deklaratorisch.

Damit wird auch deutlich:

- Die Bildung von Staaten und damit von Rechtsordnungen erfolgt **nicht losgelöst von tatsächlichen Gegebenheiten** und **rechtlichen Voraussetzungen**.

Es gibt auch überstaatliche Regelungen, die relevant sind (insb das sogenannte Völkerrecht).

Da die Frage der Staatenbildung oft von komplexen und unklaren tatsächlichen Vorgängen und politischen Umständen abhängt, kann man **nicht immer eindeutig festlegen**, wann die genannten **Staatselemente** vorliegen. Vielmehr spielen auch politische Faktoren eine Rolle, wenn es darum geht, ob ein rechtlich-politisches Gebilde als Staat anerkannt wird oder nicht.

a. Staatsgewalt

Damit man von einem Staat sprechen kann, muss sich ein **Herrschaftssystem** – in einem bestimmten Gebiet, bezogen auf bestimmte Personen – etabliert haben; wir sprechen von Staatsgewalt. Diese muss

- **souverän** sein, das bedeutet von sich aus getragen und nicht einer fremden Gewalt unterworfen. Die Staatsgewalt muss weiters
- **effektiv** sein, das heißt im Großen und Ganzen wirksam (vgl zum Begriff der Effektivität auch die Ausführungen auf S. 123 ff).

Bei einem bloß vorübergehenden Verlust oder einer bloß vorübergehenden Einschränkung nimmt man nicht an, dass die Staatsgewalt eines Staates – und damit der Staat – untergeht. Schwierig kann die Beurteilung der Frage sein, ob eine Staatsgewalt über ein bestimmtes Gebiet aufrecht ist.

b. Staatsgebiet

Die Staatsgewalt bezieht sich auf ein bestimmtes, **durch Staatsgrenzen umgrenztes Gebiet.** Die Festlegung dieser Staatsgrenzen erfolgt oft

- durch Vereinbarungen zwischen an einander angrenzenden Staaten (**Staatsverträge,** die oftmals nach Beendigung von kriegerischen Auseinandersetzungen geschlossen wurden – also Friedensverträge; vgl dazu auch die Ausführungen auf S. 87 ff).

- Zum Teil haben sich solche Staatsgrenzen auch **gewohnheitsrechtlich** – durch langandauernde Gewohnheit, in der Überzeugung, dass dies so rechtens sei – gebildet.
- Die Grenzen des österreichischen Staatsgebietes sind weitgehend durch die Regelungen des Staatsvertrages von St. Germain 1919 bestimmt, zT auch durch Gewohnheitsrecht (gegenüber der Schweiz und Deutschland).

Die Grenzen eines Staates – und damit das **Staatsgebiet** – können sich im Laufe der Zeit **ändern**.

- Etwa dadurch, dass sich ein Teil des Staates vom bisherigen Staat, der weiterbesteht, abtrennt und einen eigenen Staat bildet (**Sezession**).
- Aus einem Staat können auch zwei oder mehrere neue Staaten entstehen, wobei der alte Staat zu existieren aufhört (**Dismembration**).
- Es können neue Staaten durch Vereinigung zweier Staaten entstehen, wobei die alten Staaten untergehen (**Verschmelzung)** oder
- es kann ein Staat mit einem anderen zusammengeschlossen werden, so dass nur der eine Staat untergeht und in den anderen aufgenommen wird (**Inkorporation**).

c. Staatsvolk

Die Staatsgewalt bezieht sich auch auf eine bestimmte **Personengruppe**, die als Mitglieder zu diesem Staat zugehörig definiert werden – die Personengruppe der **Staatsbürger*innen**.

Wer Staatsbürger*in eines Staates ist und wie die Staatsbürgerschaft erlangt (etwa durch Geburt als Kind einer Staatsbürger*in oder durch Verleihung) oder verloren werden kann (etwa durch Eintritt in den Militärdienst eines fremden Landes), wird üblicherweise **von den Staaten selbst** geregelt. Der Staat ist dabei aber nicht völlig frei, sondern an überstaatliche (**völkerrechtliche) Regeln gebunden**.

Dieses sieht vor allem zwei Anknüpfungspunkte vor:

- die Abstammung von einer Person mit Staatsbürgerschaft (**ius sanguinis**) oder
- die örtliche Beziehung zu einem Staat, hergestellt durch Geburt in dem Staatsgebiet oder durch längeren Aufenthalt im Staatsgebiet (**ius soli**).
- Werden von Personen in verschiedenen Staaten die Voraussetzungen für die Staatsangehörigkeit erfüllt, können sie **Doppel- oder Mehrfachstaatsbürger*innen** sein. Personen, die ihre Staatsangehörigkeit verloren haben, ohne eine neue Staatsangehörigkeit erworben zu haben, werden als **Staatenlose** bezeichnet.
- Die Staatsangehörigkeit ist prinzipiell unabhängig vom Aufenthaltsort. Macht jemand Urlaub im Ausland, verliert man damit nicht seine Staatsbürgerschaft und erlangt auch nicht die Staatsbürgerschaft des Urlaubsortes.

d. Die völkerrechtliche Anerkennung

In den völkerrechtlichen Beziehungen ist noch ein viertes Kriterium von Bedeutung: die völkerrechtliche Anerkennung. Dabei handelt es sich um eine **einseitige völkerrechtliche Erklärung**, die jeder Staat abgibt. Die Anerkennung wirkt aber **nur in Bezug auf den anerkennenden Staat.** Daher kann es vorkommen, dass Einheiten von manchen Staaten völkerrechtlich als Staaten anerkannt werden, von anderen nicht. In der völkerrechtlichen Beziehung zu dem einen Staat ist die Einheit dann ein Staat, in der Beziehung zum anderen Staat nicht. Die Frage, ob eine Anerkennung erfolgt, ist oft durch politische Motive geprägt.

2. DER STAATLICHE GEBOTSBEREICH

Staatsgebiet und Staatsbürgerschaft sind auch für den staatlichen Gebotsbereich relevant – den Bereich, auf den sich staatliche Rechtsnormen erstrecken dürfen.

Dabei kann man drei Anknüpfungspunkte – und dem folgend drei Prinzipien – unterscheiden:

- das Territorialitätsprinzip,
- das Personalitätsprinzip und
- das Schutzprinzip.

a. Territorialitätsprinzip

Rechtsnormen eines Staates dürfen prinzipiell das Verhalten von Personen regeln, die sich **im Staatsgebiet aufhalten** – und zwar unabhängig von ihrer staatlichen Zugehörigkeit (**Territorialitätsprinzip)**.

> So haben sich alle Kraftfahrzeuglenker*innen an die Regelungen der jeweiligen Straßenverkehrsvorschriften eines Staates zu halten (etwa die Geschwindigkeitsbeschränkungen auf Autobahnen, Rechts- oder Linksfahrgebot).

b. Personalitätsprinzip

Rechtsnormen eines Staates dürfen aber auch das Verhalten von Staatsbürger*innen regeln, wenn sie sich im Ausland aufhalten (**Personalitätsprinzip**).

> So kann zB ein Staat bestimmen, dass Staatsbürger*innen wählen dürfen, auch wenn sie ihren Wohnsitz im Ausland haben.

c. Schutzprinzip

Darüber hinaus gibt es noch einen weiteren Anknüpfungspunkt für Rechtsnormen eines Staates: Er darf auch das Verhalten von Personen regeln, deren Verhalten sich gegen ein inländisches Rechtsgut oder den Staat selbst richtet (**Schutzprinzip**).

> So bestimmt § 64 Abs 1 Z 5 StGB, dass die österreichischen Strafgesetze unabhängig von den Strafgesetzen des Tatorts etwa für „*[...] Luftpiraterie (§ 185 StGB), damit im Zusammenhang begangene strafbare Handlungen gegen Leib und Leben oder gegen die Freiheit und vorsätzliche Gefährdung der Sicherheit der Luftfahrt (§ 186 StGB) gelten, wenn*
> *a) die strafbare Handlung gegen ein österreichisches Luftfahrzeug gerichtet ist,*
> *b) das Luftfahrzeug in Österreich landet und der Täter sich noch an Bord befindet,*
> *c) das Luftfahrzeug ohne Besatzung an jemanden vermietet ist, der seinen Geschäftssitz oder in Ermangelung eines solchen Sitzes seinen ständigen Aufenthalt in Österreich hat, oder*
> *d) sich der Täter in Österreich aufhält und nicht ausgeliefert werden kann.*“

B. VÖLKERRECHT

1. BEGRIFF

Im Zusammenhang mit dem Begriff Staat ist deutlich geworden, dass es auch überstaatliche Rechtsnormen gibt, an die die Staaten gebunden sind. Die **Summe der Rechtsnormen, die die Beziehungen der souveränen Staaten und der sonstigen Völkerrechtssubjekte regeln,** bezeichnet man als **Völkerrecht.** Auch die Bezeichnung „internationales Recht" ist üblich.

Die **Besonderheit des Völkerrechts** liegt darin, dass die Normen des Völkerrechts weder durch ein zentrales Normsetzungsorgan erlassen werden, noch durch ein zentrales Völkerrechtsorgan, das mit einem staatlichen Organ vergleichbar wäre, durchgesetzt werden können. Vielmehr ist die Staatengemeinschaft für die Sanktionierung zuständig. Dies hängt damit zusammen, dass die Staaten gleichermaßen souverän sind. Im Fehlen eines organisierten Zwanges liegt eine Schwäche des Völkerrechts; wie schwer es ist, Völkerrechtsverletzungen zu sanktionieren, zeigen immer wieder Vorfälle im tagespolitischen Geschehen.

2. VÖLKERRECHTSSUBJEKTE

Träger*innen von Rechten und Pflichten des Völkerrechts bezeichnet man als **Völkerrechtssubjekte.**

- Völkerrechtssubjekte sind vor allem die souveränen **Staaten**. Diese sind rechtlich völlig gleich, auch wenn in der Realität zahlreiche Abhängigkeiten (etwa wirtschaftliche) zwischen den Staaten bestehen.
- Völkerrechtssubjektivität genießen auch **internationale Organisationen**. Das sind rechtliche Einheiten, die durch völkerrechtliche Verträge zwischen Staaten (den Mitgliedstaaten) gegründet werden; zB die UN, der Europarat und die EU. Internationale Organisationen ermöglichen eine organisierte Zusammenarbeit von Staaten zum Zwecke der Erreichung gemeinsamer Ziele.

Die Völkerrechtssubjektivität internationaler Organisationen ist aber bloß eine **partielle**, dh Internationale Organisationen sind nur insoweit Träger*innen von völkerrechtlichen Rechten und Pflichten, als ihnen dies von ihren Mitgliedstaaten in der Satzung zugestanden wird.

Eine besondere Art von Internationalen Organisationen sind die **supranationalen Organisationen.** Das sind internationale Organisationen, deren Organe Rechtsakte setzen können, die für die Personen der bzw in den Mitgliedstaaten unmittelbar verbindlich – also wie innerstaatliches Recht anwendbar – sind.

- Auch **andere rechtliche Einheiten** genießen **partielle** Völkerrechtssubjektivität, etwa das Internationale Komitee vom Roten Kreuz.
- Aber auch **Menschen** werden als Träger von Menschenrechten zunehmend als individuelle Völkerrechtssubjekte anerkannt.

3. VÖLKERRECHTSQUELLEN

Völkerrechtsquellen sind

- das Völkervertragsrecht,
- das Völkergewohnheitsrecht und
- die allgemeinen Rechtsgrundsätze.

a. Völkervertragsrecht

Weite Teile des Völkerrechts beruhen auf **völkerrechtlichen Verträgen**. Diese werden durch übereinstimmende (Willens-)Erklärungen von Völkerrechtssubjekten geschlossen. Völkerrechtliche Verträge binden nur jene Völkerrechtssubjekte, die dem völkerrechtlichen Vertrag auch zugestimmt haben (**Konsensgrundsatz**).

- Sie können **bilateral** (zweiseitig, dh zwischen zwei Völkerrechtssubjekten abgeschlossen) oder
- **multilateral** (mehrseitig; dh zwischen mehreren Völkerrechtssubjekten abgeschlossen) sein.

b. Völkergewohnheitsrecht

Völkergewohnheitsrecht entsteht durch **länger andauernde tatsächliche Übung** der Völkerrechtssubjekte, die von der Überzeugung getragen wird, sie sei (völker-)rechtlich geboten (**opinio iuris**). Die Feststellung des Inhalts von Völkergewohnheitsrecht kann mitunter schwierig sein.

c. Allgemeine Rechtsgrundsätze

Allgemeine Rechtsgrundsätze werden durch einen **Vergleich verschiedener staatlicher Rechtsordnungen festgestellt**. Ergibt der Vergleich, dass zahlreiche staatliche Rechtsordnungen einen bestimmten Grundsatz enthalten, kann dieser Grundsatz auf völkerrechtlicher Ebene als allgemeiner Rechtsgrundsatz betrachtet werden. Ein solcher, allgemeiner Rechtsgrundsatz ist zB die Verpflichtung Verträge einzuhalten (**pacta sunt servanda**).

4. TRANSFORMATION VON VÖLKERRECHT

Völkerrechtliche Normen berechtigen und verpflichten grundsätzlich nur die genannten **Völkerrechtssubjekte** – insb also Staaten.

Auf Österreich bezogen bedeutet dies, dass das Völkerrecht in der Regel bloß das Völkerrechtssubjekt „Republik Österreich" als juristische Person, nicht jedoch jede Österreicher*in unmittelbar berechtigt und verpflichtet.

Damit dies der Fall ist, müssen **die völkerrechtlichen Verpflichtungen durch innerstaatliche Normen umgesetzt** werden – wir sprechen von **Transformation**. Dies kann auf zwei Arten erfolgen:

- durch generelle Transformation oder
- durch spezielle Transformation.

a. Generelle Transformation

Wird die völkerrechtliche Norm ohne inhaltliche Änderung in innerstaatliche Normen umgewandelt, spricht man von genereller Transformation. Die **völkerrechtliche Regelung wird so, wie sie normiert ist, innerstaatliches Recht** und ist auch so von den innerstaatlichen Behörden anzuwenden (**generelle Transformation**).

> So wurde zB die Welterbekonvention generell transformiert, dh die Konvention wurde, so wie sie völkerrechtlich abgeschlossen wurde, innerstaatlich als Gesetz erlassen. Sofern Behörden ermächtigt sind, im Bereich des Denkmalschutzes und des Naturschutzes Objekte, die von der Welterbekonvention erfasst sind, unter Schutz zu stellen, haben sie dabei die Regelungen der Welterbekonvention zu beachten.

b. Spezielle Transformation

Die Umsetzung kann aber auch dadurch erfolgen, **dass ein Staat eigene Regelungen erlässt**, die gewährleisten sollen, dass sich die Menschen so verhalten, dass der Staat Österreich seine völkerrechtlichen Verpflichtungen erfüllt. Die Menschen haben sich an diese speziell erlassenen innerstaatlichen Regelungen zu halten, die Behörden haben diese speziell erlassenen innerstaatlichen Regelungen zu vollziehen. Dadurch wird die völkerrechtliche Verpflichtung erfüllt (**spezielle Transformation**).

> Verpflichtet sich also zB der Staat Österreich im Strafrechtsübereinkommen Korruption zu bekämpfen und erlässt spezielle strafrechtliche Regelungen im StGB, um die Korruption, so wie im Übereinkommen vorgesehen, zu bekämpfen, so wird das Strafrechtsübereinkommen durch die Regelungen des StGB speziell transformiert. Die Menschen müssen sich an die Regelungen des StGB halten, die Behörden haben das StGB zu vollziehen. Dadurch kommt der Staat Österreich seiner völkerrechtlichen Verpflichtung nach.

Eine Ausnahme stellen die bereits erwähnten **supranational wirkenden Rechtsakte** supranationaler Organisationen dar. Deren Organe können Rechtsakte erlassen, die unmittelbar die Menschen in den Mitgliedstaaten der Organisation berechtigen und verpflichten, **ohne, dass Transformationsakte im oben beschriebenen Sinn erforderlich** sind.

C. EUROPARECHT

1. BEGRIFF

Der Begriff „Europarecht“ kann in einem engen oder in einem weiten Sinn verstanden werden:

- Unter **Europarecht iwS** versteht man völkerrechtliche Normen von für Europa bedeutsamen zwischenstaatlichen Einrichtungen, also neben der Europäischen Union (EU) zB auch dem Europarat und der Organisation für Wirtschaftliche Zusammenarbeit und Entwicklung (OECD) oder der Organisation für Sicherheit und Zusammenarbeit in Europa (OSZE).
- **Europarecht ieS** ist das Recht der Europäischen Union (EU). Die EU ist eine durch multilaterale völkerrechtliche Verträge geschaffene supranationale Organisation, die auf die Schaffung einer immer engeren Union der Völker Europas abzielt.

In der Folge wird das **Europarecht ieS** dargestellt.

2. RECHTSQUELLEN

a. Primärrecht

Grundlage der Union sind nunmehr

- der Vertrag über die Europäische Union (**EUV**) und
- der Vertrag über die Arbeitsweise der Europäischen Union (**AEUV**).
- Eine weitere Grundlage stellt die „Charta der Grundrechte der Europäischen Union“ (**GRC**) dar.

Diese Verträge werden auch als **Primärrecht** bezeichnet. Insb die im **Primärrecht** verankerten Grundfreiheiten sowie das Diskriminierungsverbot sind unmittelbar anwendbares und damit supranationales Recht.

Ziel der Union ist es, „nach Maßgabe der einschlägigen Bestimmungen der Verträge den **Binnenmarkt** zu verwirklichen bzw dessen Funktionieren zu gewährleisten. Der Binnenmarkt umfasst einen Raum ohne Binnengrenzen, in dem der freie Verkehr von Waren, Personen, Dienstleistungen und Kapital gemäß den Bestimmungen der Verträge gewährleistet ist“ (Art 26 AEUV).

Im Hinblick darauf kann man folgende vier **Grundfreiheiten** unterscheiden:

- **Warenverkehrsfreiheit** bedeutet die Freiheit, Waren aller Art im Unionsbereich frei zu bewegen („verbringen“) und in Verkehr zu setzen.

  Ausnahmen dürfen aus bestimmten „zwingenden Gründen“ vorgesehen werden (zB Schutz der öffentlichen Gesundheit, Verbraucherschutz). Die Ausnahmen müssen verhältnismäßig sein.

- **Personenverkehrsfreiheit** kann in die Arbeitnehmerfreizügigkeit und die Niederlassungsfreiheit unterteilt werden:

  - Die **Arbeitnehmerfreizügigkeit** zielt auf die Abschaffung jeder auf der Staatsangehörigkeit der Unionsbürger*innen beruhenden Ungleichbehandlung **unselbstständig Erwerbstätiger** in Bezug auf Beschäftigung, Entlohnung oder sonstiger Arbeitsbedingungen ab.

  - Die **Niederlassungsfreiheit** bedeutet die Freiheit jeder Unionsbürger*in (natürliche oder juristische Person), in jedem Mitgliedstaat einer **selbstständigen Erwerbstätigkeit** nachzugehen und eine Niederlassung zu errichten.

  Ausnahmen sind nur aus bestimmten Gründen (öffentliche Ordnung, Sicherheit und Gesundheit) zulässig; sie müssen überdies verhältnismäßig sein.

- **Dienstleistungsfreiheit** bedeutet die Freiheit, von einem Mitgliedstaat aus (gewerbliche, freiberufliche ua) Leistungen in einem anderen Mitgliedstaat zu erbringen (aktive Dienstleistungsfreiheit), oder aber solche Leistungen in Anspruch zu nehmen (passive Dienstleistungsfreiheit), ohne in diesem anderen Mitgliedstaat eine Niederlassung zu besitzen.

  Ausnahmen sind nur zulässig, wenn sie aus bestimmten Gründen (öffentliche Ordnung, Sicherheit und Gesundheit) erfolgen; auch sie müssen verhältnismäßig sein.

- **Kapitalverkehrsfreiheit** bedeutet die Freiheit, Vermögen im Unionsbereich frei zu bewegen und zu veranlagen. Auch hier sind – verhältnismäßige – Beschränkungen im Allgemeininteresse zulässig.

Das **allgemeine Diskriminierungsverbot** verbietet „unbeschadet besonderer Bestimmungen der Verträge ... in ihrem Anwendungsbereich jede Diskriminierung aus Gründen der Staatsangehörigkeit" (Art 18 AEUV).

- Verboten sind **direkte** Diskriminierungen, also solche, die ausdrücklich auf die Staatsangehörigkeit abstellen.
- **Indirekte** Diskriminierungen – also Regelungen, die zwar nicht auf die Staatsbürgerschaft abstellen, aber dennoch tatsächlich zu einer solchen Diskriminierung führen – dürfen nur dann normiert werden, wenn sie aus Gründen des Allgemeininteresses erfolgen, angemessen und erforderlich sind.

HINWEIS: Die Begriffe „Grundprinzip", „Grundrecht" und „Grundfreiheit" können verwechselt werden.

Grundprinzip: Grundprinzipien sind **Staatsideen**, die der Verfassung zu Grunde liegen. Sie sind, von der Form her betrachtet, die höchstrangigen Normen im österreichischen Verfassungsrecht. Ihre Änderung ist nur durch **gesamtänderndes Bundesverfassungsgesetz** möglich.

Grundrecht: Grundrechte sind **verfassungsgesetzlich gewährleistete subjektive Rechte.**

Grundfreiheit: Grundfreiheiten sind im **Primärrecht der EU** verankertes **supranationales Recht**. Ihr Ziel ist es, den **Binnenmarkt** zu verwirklichen.

b. Sekundärrecht

Als **Sekundärrecht** bezeichnet man die Rechtsakte, die **von den Organen der EU erlassen** werden. Als verbindliche Rechtsakte sind Verordnungen, Richtlinien und Beschlüsse vorgesehen, als unverbindliche vor allem Stellungnahmen und Empfehlungen.

- **Verordnungen** sind mit den staatlichen Gesetzen vergleichbar; sie berechtigen und verpflichten die Rechtsunterworfenen in den Mitgliedstaaten unmittelbar (Art 288 AEUV). Sie sind also unmittelbar anwendbar und damit **supranationales** Recht.
- **Richtlinien** verpflichten die Mitgliedstaaten zur Erreichung bestimmter Ziele. Es bleibt jedoch den Mitgliedstaaten überlassen, auf welche Weise sie die durch die Richtlinie vorgegebenen Ziele umsetzen (Art 288 AEUV; europarechtlich wird in diesem Zusammenhang nicht von Transformation, sondern von „Umsetzung" gesprochen). Meist erfolgt die Umsetzung einer Richtlinie durch die Erlassung innerstaatlicher Gesetze oder Verordnungen.

  In bestimmten Fällen,

  - wenn für die Umsetzung der Richtlinie eine Frist festgelegt wurde,
  - diese ungenutzt verstrichen ist und
  - der Inhalt der Richtlinie bestimmt genug ist,

  können sich Einzelne gegenüber den Mitgliedstaaten der EU darauf berufen; die **Richtlinie** wird in einem solchen Fall **unmittelbar anwendbar**.
- **Beschlüsse** können einerseits an bestimmte Adressat*innen gerichtet sein und sind in diesem Fall nur für diese verbindlich (Art 288 AEUV). In bestimmten Fällen können sie auch allgemeine Regelungen enthalten.

Die Rechtssetzung erfolgt in der Regel nach Art 289 AEUV „in der gemeinsamen Annahme einer Verordnung, einer Richtlinie oder eines Beschlusses **durch das Europäische Parlament und den Rat auf Vorschlag der Kommission**".

3. ORGANE

Die wichtigsten Organe der EU (Art 13 ff EUV) sind:

- Das **Europäische Parlament** besteht aus höchstens 751 Vertreter*innen der Unionsbürger*innen, die durch Volkswahl in den einzelnen Mitgliedstaaten gewählt werden. Es ist gemeinsam mit dem Rat für die Gesetzgebung zuständig. Das Europäische Parlament hat somit – anders als die österreichischen Gesetzgebungsorgane – keine selbständige Rechtssetzungsbefugnis.
- Der **Europäische Rat** besteht aus der Präsident*in des Europäischen Rates als Vorsitzender/em, den Staats- oder Regierungschef*innen der Mitgliedstaaten und der Präsident*in der Europäischen Kommission. Er hat Impulse für die Entwicklung der EU zu geben und hat Leitungsfunktion, aber keine Gesetzgebungskompetenz.
- Der **Rat** (manchmal auch als Rat der Europäischen Union bezeichnet) ist ein wesentliches Entscheidungsgremium. Er setzt sich jeweils aus je einer Vertreter*in der Mitgliedstaaten auf Ministerebene zusammen. Er wird gemeinsam mit dem Europäischen Parlament als Gesetzgeber tätig, hat aber auch bestimmte Kompetenzen, wie die Festlegung der Politik und Koordinierung nach Maßgabe der Verträge.
- Die **Europäische Kommission** ist ein Kollegialorgan. Sie besteht aus 27 Mitgliedern. Gesetzgebungsakte der EU dürfen nur auf Vorschlag der Kommission erlassen werden; die Kommission hat darüber hinaus auch Kontrollfunktionen.
- Der **Gerichtshof der Europäischen Union** ist eine Gesamtinstitution, die aus
    - dem Gerichtshof (EuGH; 1 Richter*in je Mitgliedstaat) und
    - dem Gericht (mindestens 1 Richter*in je Mitgliedstaat,) besteht.
    - Fachgerichte können eingerichtet werden. Die Richter*innen sind unabhängig. Der Gerichtshof der Europäischen Union als Gesamtheit sichert die Wahrung des Rechts bei der Auslegung und Anwendung des Rechts der EU.

Insb bestehen folgende **Zuständigkeiten**:

- In **Vertragsverletzungsverfahren** gegen Mitgliedstaaten entscheidet der EuGH auf Antrag der Europäischen Kommission.

- Die Überprüfung der Rechtmäßigkeit der **Handlungen von Unionsorganen** erfolgt entweder durch das Gericht oder den EuGH auf Grund einer **Nichtigkeitsklage**. Sie kann von Mitgliedstaaten, dem Europäischen Parlament, dem Rat, der Europäischen Kommission und zum Teil von Einzelnen, die unmittelbar betroffen sind, erhoben werden.

- In **Vorabentscheidungsverfahren** hat der EuGH über die Auslegung der Verträge und die Gültigkeit und Auslegung von Sekundärrecht zu entscheiden. Sie dienen der Sicherung der Einheit des Unionsrechts.

    - **Vorlageberechtigt** sind Gerichte der Mitgliedstaaten, wobei der Begriff „Gericht" autonom auszulegen ist und ständig eingerichtete unabhängige Behörden meint.

    - **Vorlageverpflichtet** sind letztinstanzliche Gerichte der Mitgliedstaaten – und zwar dann, wenn sich im Rahmen eines Gerichtsverfahrens eine solche Auslegungsfrage stellt.

- Diese haben anhängige Verfahren zu unterbrechen und die Frage dem EuGH vorzulegen. Das Gericht des Mitgliedstaates ist in der Folge hinsichtlich der Frage der Gültigkeit bzw der Auslegung des betreffenden Unionsaktes an das Urteil des EuGHs gebunden.

- Andere Organe sind etwa die **Europäische Zentralbank**, die vor allem die Geldpolitik der EU festzulegen hat, und der **Rechnungshof**, dem die Finanzkontrolle obliegt.

4. ÖSTERREICH UND DIE EU

a. Österreichs Beitritt zur EU

Österreich ist mit Wirkung vom 1.1.1995 **Mitgliedstaat der EU** geworden. Mit dem **Bundesverfassungsgesetz über den Beitritt Österreichs zur Europäischen Union**, BGBl 1994/744, wurden „mit der Zustimmung des österreichischen Bundesvolkes zu diesem Bundesverfassungsgesetz [...] die bundesverfassungsgesetzlich zuständigen Organe ermächtigt, den Staatsvertrag über den Beitritt Österreichs zur Europäischen Union entsprechend dem am 12. April 1994 von der Beitrittskonferenz festgelegten Verhandlungsergebnis abzuschließen".

Dieses Bundesverfassungsgesetz wurde als **gesamtänderndes Bundesverfassungsgesetz** erlassen (also zusätzlich einer Volksabstimmung unterzogen), weil durch den Beitritt eine Gesamtänderung der österreichischen Bundesverfassung erfolgte.

Dies vor allem deshalb, weil die Unionsorgane, denen weitreichende supranationale Rechtssetzungsbefugnisse zukommen, nicht auf eine Weise demokratisch legitimiert sind, wie das nach dem **demokratischen Grundprinzip** erforderlich wäre. Denn auch wenn Österreich im Rat vertreten ist, stellt es nur ein Mitglied, das darüber hinaus auch selbst nicht auf die Weise demokratisch legitimiert ist, wie die Abgeordneten der gesetzgebenden innerstaatlichen Organe.

Überdies gibt es keine dem **bundesstaatlichen Grundprinzip** entsprechende Strukturierung.

Gegen die unmittelbar wirksamen Unionsakte steht den Einzelnen weder ein Rechtsschutz durch österreichische Gerichte, noch ein gleichwertiger Rechtsschutz durch Europäische Gerichte offen, was eine wesentliche Abänderung im Hinblick auf das **rechtsstaatliche Grundprinzip** bedeutete.

Die seit 1995 beschlossenen Vertragsänderungen (Vertrag von Amsterdam, Vertrag von Nizza, Vertrag von Lissabon) waren systemkonforme Weiterentwicklungen der Verträge und insofern keine darüber hinaus gehende Gesamtänderung, daher war keine weitere gesamtändernde bundesverfassungsgesetzliche Ermächtigung erforderlich.

b. Unionsrecht und innerstaatliches Recht

Unionsrecht muss zum Teil durch die Erlassung innerstaatlichen Rechts **umgesetzt** werden (so zB in der Regel Richtlinien; im Zusammenhang mit dem Europarecht wird der Begriff „Umsetzung“ verwendet).

Bestimmte Akte des Unionsrechts (insb Regelungen des **Primärrechts** und **Verordnungen**) sind jedoch **unmittelbar anwendbar** (sie sind supranationales Recht).

Wenn **innerstaatliches Recht unmittelbar anwendbarem Unionsrecht widerspricht** kommt es jedoch **nicht zur Aufhebung (Derogation)** von innerstaatlichem Recht, sondern unmittelbar anwendbares Unionsrecht hat **Anwendungsvorrang**. Dabei wird innerstaatliches Recht im Anwendungsbereich des unmittelbar anwendbaren Unionsrechts **verdrängt**; ist also auf diesen Sachverhalt nicht anzuwenden. Auf andere Sachverhalte (mit keinem europarechtlichen Bezug) ist es weiterhin anzuwenden. Wird die unmittelbar anwendbare unionsrechtliche Regelung aufgehoben, ist die zurückgedrängte innerstaatliche Regelung wieder auf alle Sachverhalte anzuwenden.

Der Anwendungsvorrang besteht **auch gegenüber Verfassungsrecht**. **Umstritten** ist, ob es innerstaatliche Normen gibt, denen gegenüber es keinen Anwendungsvorrang gibt. ZT wird die Auffassung vertreten, dass dies gegenüber den Grundprinzipien der Fall ist (diese würden in diesem Fall einen sogenannten **integrationsfesten Kern** der Verfassung darstellen, wobei der Begriff „integrationsfester Kern“ nur im Zusammenhang mit dem Anwendungsvorrang des unmittelbar anwendbaren Europarechts verwendet wird).

IV. RECHTSTHEORETISCHE UND METHODISCHE GRUNDLAGEN

C. RECHTSWISSEN-SCHAFTEN	A. RECHTSTHEORETI-SCHE GRUNDLAGEN	B. METHODISCHE GRUNDLAGEN

In diesem Kapitel wird zunächst ein kurzer Überblick über verschiedene wissenschaftliche Perspektiven, aus denen man sich mit dem Gegenstand „Recht" beschäftigen kann, gegeben. Damit erklärt sich auch, warum wir von „Rechtswissenschaften" sprechen. Daran anschließend werden – vereinfacht – einige rechtstheoretische und methodische Grundlagen wiedergegeben, die im österreichischen öffentlichen Recht eine zentrale Rolle spielen.

A. RECHTSWISSENSCHAFTEN

1. WISSENSCHAFT

Rechtsnormen sind Gegenstand wissenschaftlicher Betrachtung. **Wissenschaft bezieht** sich auf Erkenntnis. Man versucht auf Grund von wissenschaftlichem – dh methodisch angeleitetem, folgerichtigem – Denken begründete Aussagen über einen bestimmten Gegenstand zu machen. Eine wissenschaftliche Schlussfolgerung muss den Denkgesetzen entsprechen. Die **Aussagen müssen intersubjektiv überprüfbar** sein. Wissenschaftliche Erkenntnis unterscheidet sich daher wesentlich von Glauben und von Wollen. Die Suche nach wissenschaftlicher Erkenntnis muss methodisch, dh nach einem festgelegten Plan erfolgen (methodologische Festsetzungen). Nur dadurch ist gewährleistet, dass wissenschaftliche Aussagen intersubjektiv nachprüfbar sind.

Gegenstand wissenschaftlicher Erkenntnis kann alles sein, was menschlichem Denken und menschlicher Erfahrung zugänglich ist. Man kann sich mit Pflanzen, Tieren und Mineralien genauso wissenschaftlich befassen wie mit der Kunst, der Volkswirtschaft oder mit dem Recht. Jedem, der Wissenschaft betreiben will, steht es

frei, sich mit diesem oder jenem Gegenstand zu beschäftigen; der Gegenstand einer wissenschaftlichen Betrachtung kann frei gewählt werden.

Die **Wahl des Erkenntnisgegenstandes** selbst kann nicht **richtig oder falsch** sein. Sie kann bloß mehr oder weniger zweckmäßig sein.

2. RECHTSWISSENSCHAFTEN

Man kann den Erkenntnisgegenstand „Recht" von verschiedenen Seiten aus betrachten. Dementsprechend beschäftigen sich auch **verschiedene Wissenschaftszweige mit Rechtnormen**. Daher spricht man von **„Rechtswissenschaften"**.

Zu diesen zählen:

- Die **Rechtstheorie:** Deren Ziel ist es, unabhängig vom Inhalt einer konkreten Rechtsordnung allgemeine Aussagen über Wesen, Struktur und Anwendung von Rechtsnormen zu machen. Die Ergebnisse dieser wissenschaftlichen Betrachtung sind auf verschiedene positivrechtliche Rechtsordnungen anzuwenden. Dazu zählen Überlegungen über die Arten von Rechtsnormen, die Folgen fehlerhafter Normerzeugung und über die Systematisierung von Recht.
- Die **Rechtsphilosophie** beschäftigt sich mit den philosophischen Grundlagen des Rechts, etwa mit der Frage nach der Notwendigkeit und dem Zweck des Rechts im menschlichen Zusammenleben, nach den Grundlagen der Rechtsgeltung, dem Spannungsfeld von Demokratie und Menschenrechten oder dem Verhältnis von Recht, Moral und Gerechtigkeit.
- Die **Rechtssoziologie** zielt auf die Erforschung der sozialen Rahmenbedingungen, in die das Recht eingebettet ist, sowie der Wirkungsweisen von „Recht" – etwa der Frage der Effektivität von Rechtsnormen – ab.
- Die **Rechtsgeschichte** behandelt einerseits Rechtsordnungen, die nicht mehr in Geltung sind, andererseits wird die Entwicklung von Rechtsgebieten untersucht. Die historische Untersuchung soll zeigen, welche historischen Entwicklungen zum heute geltenden Recht geführt haben. Solche Untersuchungen können für das Verständnis geltender Rechtsnormen sehr hilfreich sein.

- Die **Rechtspolitik** erarbeitet Vorschläge zur Verbesserung des Rechts. Sie wird oft in Verbindung mit anderen Zweigen der Rechtswissenschaft betrieben, ist aber inhaltlich von diesen zu unterscheiden.
- Die **Rechtsvergleichung** untersucht und vergleicht Regelungen in verschiedenen Rechtsordnungen (Man kann zB die Regelungen über den Mutterschutz vergleichen: in Österreich besteht vor und nach der Geburt eines Kindes ein Beschäftigungsverbot für Frauen; in der Schweiz gilt ein solches Beschäftigungsverbot ab der Geburt) oder in verschiedenen rechtlichen Systemen (zB die Durchsetzbarkeit von subjektiven Rechten im öffentlichen Recht und im Privatrecht – etwa im Zusammenhang mit einem Vergleich von Universitäten nach Universitätsgesetz 2002, an denen das Studienrecht öffentlich-rechtlich organisiert ist und hoheitlich vollzogen wird, und Privathochschulen, an denen das Studienrecht privatrechtlich organisiert ist) und versucht, aus diesem Vergleich neue Erkenntnisse zu gewinnen.
- Jene Rechtswissenschaft, die sowohl im Studium als auch in der Praxis die größte Rolle spielt, ist die **Rechtsdogmatik**. Ziel der Rechtsdogmatik ist es, den Inhalt des geltenden positiven Rechts systematisch zu erfassen und darzustellen. Dabei bedient sie sich vor allem der **Auslegung** bzw **Interpretation** von Rechtsnormen. Darunter versteht man im vorliegenden Zusammenhang den Weg zur Erzielung von Erkenntnissen über das positive Recht (vgl dazu die Ausführungen auf S. 3 ff).

3. RECHTSETZUNG; WISSENSERKLÄRUNG; WILLENSERKLÄRUNG

Rechtswissenschaftler*innen (wenn sie Rechtsdogmatik betreiben) ermitteln den **Inhalt von Rechtsnormen** und geben darüber eine **Wissenserklärung** ab. **Normsetzung** ist demgegenüber eine **Willenserklärung**. Der Normsetzer setzt einen **Willensakt**, in dem er anordnet (seinen Willen erklärt), dass sich Menschen in einer bestimmten Art verhalten sollen und welche Sanktion folgen soll, wenn sie sich nicht so verhalten. Der Willensakt muss nach außen hin erklärt werden (etwa durch Kundmachung zB in einem Amtsblatt oder durch Zustellung an die betroffene Person). Dem Willensakt geht dabei ein rechtsdogmatischer Erkenntnisakt voran, in dem die zur Rechtsetzung ermächtigte Person den Inhalt der zu vollziehenden Rechtsnorm ermittelt. Dies soll an einem Beispiel verdeutlicht werden:

Folgendes **Geschehen** findet statt:

> Am 24.7.2019 um 11.04 Uhr fährt der Lenker des schwarzen VW Polo Baujahr 2001 mit dem behördlichen Kennzeichen W-0815M auf der Wiener Westausfahrt (Hadikgasse) Höhe Guldenbrücke mit 70 km/h, wie bei einer Radarmessung festgestellt wird. Er ist blond, trägt eine schwarze Sonnenbrille und ein rotes Poloshirt, dazu weiße Shorts und weiße Sneakers.

Dieses tatsächliche Geschehen wird auch als **„Sachverhalt"** bezeichnet.

Die Auslegung verschiedener Bestimmungen der Straßenverkehrsordnung (StVO; siehe dazu auch die Ausführungen auf S. 128 ff) ergibt, dass es in der österreichischen Rechtsordnung eine **Norm** folgenden Inhalts gibt:

> Die Lenker*in eines Kraftfahrzeuges darf im Ortsgebiet dann, wenn nichts anderes angeordnet ist, nicht schneller als 50 km/h fahren und ist mit einer Geldstrafe von 36 Euro bis 2180 Euro, im Falle der Uneinbringbarkeit mit Freiheitsstrafe von 24 Stunden bis sechs Wochen zu bestrafen, wenn diesem Verbot zuwidergehandelt wird.

Das in der Norm umschriebene verbotene Handeln, auf das sich die Strafbarkeit bezieht (Fahren im Ortsgebiet mit über 50 km/h), wird als **Tatbestand** bezeichnet (wenn man **Aussagen über den Inhalt der Norm oder des Tatbestandes** trifft, ist dies eine **Wissenserklärung**).

Das **staatliche Organ**, das die Strafe verhängen soll, muss

- den gesamten rechtlich relevanten Sachverhalt feststellen,
- den Inhalt des Tatbestandes (in der StVO) durch Auslegung ermitteln,
- prüfen, ob der Sachverhalt die gesetzlich normierten Tatbestandselemente erfüllt. Diesen Vorgang nennt man **Subsumtion.**

> Da der Lenker des Kfz mit dem Kennzeichen W-0815M im Ortsgebiet 70 km/h gefahren ist – und für diesen Bereich keine Sonderregelungen normiert sind – ist der Tatbestand der Norm der StVO (Geschwindigkeitsüberschreitung im Ortsgebiet) erfüllt.
> Nicht tatbestandsrelevant ist der im Sachverhalt geschilderte Umstand, dass der Fahrer blond ist und eine Sonnenbrille, ein rotes Poloshirt, weiße Shorts und weiße Sneakers trägt.

Daraus ergibt sich, dass das staatliche Organ, das zur Verhängung der Strafe zuständig ist, nach den Regelungen der StVO verpflichtet ist, eine Strafe zu verhängen.

- Das staatliche Organ hat daher eine Norm (in der Regel einen Strafbescheid) zu erlassen. Darin wird die konkrete Strafe als Sanktion für das bestimmte rechtswidrige Verhalten festgelegt und eine Person (der Lenker) zur Leistung verpflichtet. Dieser **Normsetzungsakt** (die Erlassung des Strafbescheides) **ist ein Willensakt**.

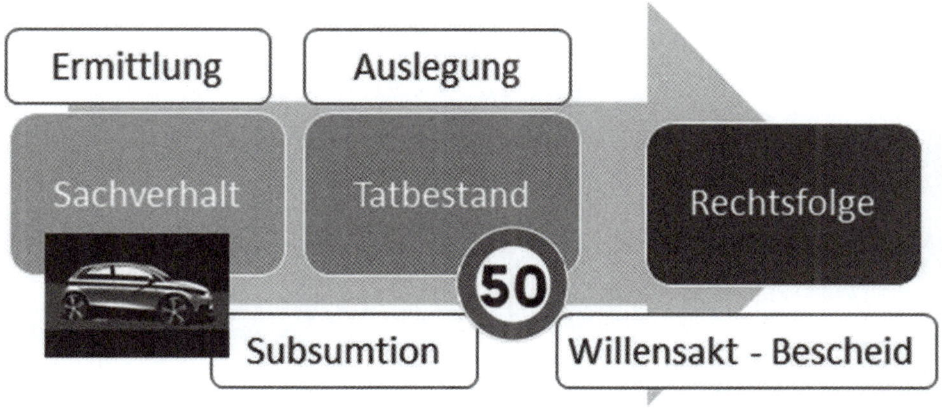

B. RECHTSTHEORETISCHE GRUNDLAGEN

1. ARTEN VON RECHTSNORMEN

Wie schon in den vorigen Kapiteln deutlich geworden ist, gibt es Rechtsnormen mit unterschiedlichem Inhalt. Im Wesentlichen unterscheidet man

- Rechtsnormen, die ein bestimmtes **Verhalten** gebieten (oder verbieten) und bei Nichtbefolgung des Gebots (oder Verbots) eine Sanktion (oder eine andere Rechtsfolge) androhen;
- Rechtsnormen, die regeln, wie eine dermaßen angedrohte Sanktion zu **vollziehen** ist sowie
- Rechtsnormen, die die **Erzeugung** von Rechtsnormen regeln.

Man kann demzufolge aus rechtstheoretischer Sicht folgende verschiedene Arten von Rechtsnormen unterscheiden:

- **Zwangsnormen** gebieten oder verbieten ein bestimmtes Verhalten und ordnen eine Sanktion oder eine Rechtsfolge für den Fall der Nichtbefolgung an. Jener Teil der Zwangsnorm, der das Verhalten gebietet oder verbietet, wird als **Gebotsteil** bezeichnet, jener Teil, in dem die Sanktion (oder Rechtsfolge) angeordnet wird, als **Sanktionsteil**. Andere Begriffe, die für Zwangsnormen verwendet werden, sind **materielles Recht** oder **Verhaltensrecht**.

ZWANGSNORM

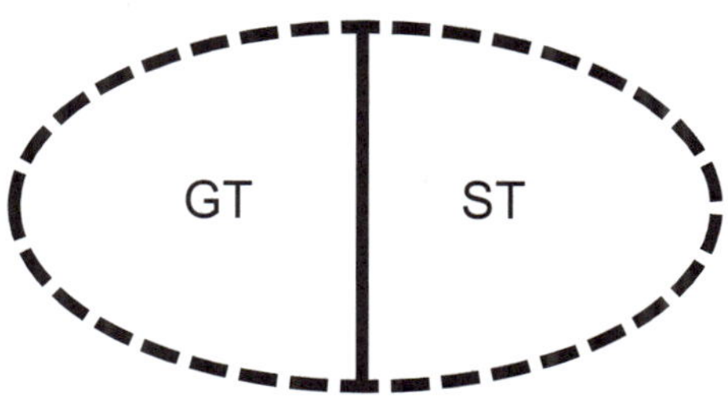

GT **Gebotsteil**

ST **Sanktionsteil**

Zum Teil finden sich in Rechtsordnungen auch Regelungen, die nur aus einem Gebotsteil bestehen, der Sanktionsteil fehlt. Man bezeichnet eine solche Regelung als **„lex imperfecta“**. Die Verhaltensanordnung ist in einem solchen Fall nicht durchsetzbar.

ZB steht auf einer Tafel vor einem Park (etwa angeordnet durch die Gemeinde) lediglich: „Das Betreten der Wiese ist verboten“ – ohne, dass eine Rechtsfolge angeordnet ist.

- **Zwangsnormvollzugsnormen** regeln, **wer befugt ist,** Zwangsnormen zu vollziehen und **wie dabei vorzugehen ist** (so zB die Regelungen über die Verwaltungsorganisation und die Regelungen des Verwaltungsverfahrensrechts über das Verwaltungsverfahren). Der Teil der Regelungen, die normieren, wer ermächtigt ist, werden als **Organisationsrecht** bezeichnet, der Teil der Regelungen, die das Wie der Vollziehung (das Verfahren im engeren Sinn) regeln, als **Verfahrensrecht**.

  Zwangsnormvollzugsnormen werden auch als **„formelles Recht“** bezeichnet – und dem materiellen Recht gegenübergestellt – oder als **Verfahrensrecht im weiteren Sinn**.

ZWANGSNORM-
VOLLZUGSNORM

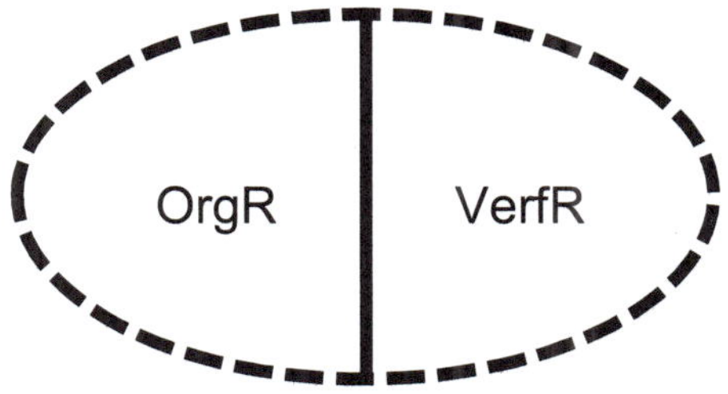

OrgR **Organisationsrecht**
VerfR **Verfahrensrecht**

- Als **Erzeugungsnormen** bezeichnet man Normen, die regeln, **wer ermächtigt ist,** Normen zu setzen und **wie** bei der Normerzeugung **vorzugehen** ist (so zB die Regelungen über den Nationalrat und das Gesetzgebungsverfahren des Bundes). Regelungen, die normieren, wer ermächtigt ist Normen zu setzen, werden als **Organisationsrecht** bezeichnet, Regelungen, die das Wie der Erzeugung regeln, als **Verfahrensrecht**.

ERZEUGUNGSNORM

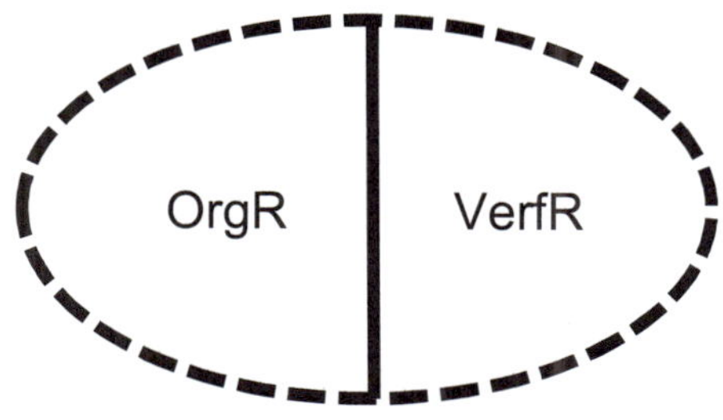

OrgR **Organisationsrecht**

VerfR **Verfahrensrecht**

Unerheblich ist, welche Art von Norm erzeugt wird (auch Normen, die die Erzeugung anderer Normen regeln, sind nach bestimmten Normen zu erzeugen bzw erzeugt worden).

Ob eine Norm **Erzeugungsnorm** ist, muss also immer **in Bezug auf die erzeugte Norm** beurteilt werden.

Die Regelungen der StPO sind im Verhältnis zu den Regelungen des StGB als Zwangsnormvollzugsnormen zu qualifizieren. In Bezug auf die nach den Regelungen der StPO erzeugten Urteile sind die Regelungen der StPO Erzeugungsnormen.

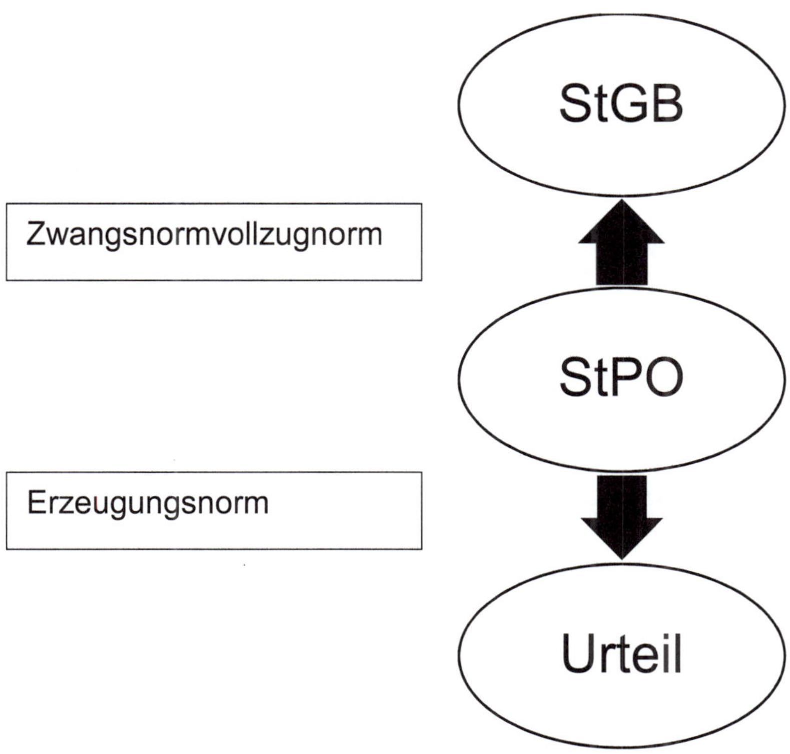

HINWEIS: Unterscheiden Sie die Begriffspaare „Verfassungsrecht im materiellen Sinn“– „Verfassungsrecht im formellen Sinn“, „Gesetz im materiellen Sinn“ – „Gesetz im formellen Sinn“ und „materielles Recht“ – „formelles Recht“.

Verfassungsrecht im materiellen Sinn: Als Verfassungsrecht im materiellen Sinn bezeichnet man Regelungen, die den **Aufbau, die Organisation und die „Machtverteilung“ in einem Staat** regeln. Ob es sich bei einer Regelung um Verfassungsrecht im materiellen Sinn handelt, erkennt man, wenn man den Inhalt der Regelung betrachtet.

Verfassungsrecht im formellen Sinn: Regelungen, die vom Gesetzgebungsorgan in einem bestimmten – erschwerten – **Rechtserzeugungsverfahren** (= einer bestimmten **Form**) erzeugt wurden. Um Verfassungsrecht im formellen Sinn zu erzeugen, müssen im Nationalrat mindestens die Hälfte der Mitglieder anwesend sein, davon müssen mindestens 2/3 zustimmen. Die Gesetze bzw Bestimmungen sind ausdrücklich als „Verfassungsgesetz“ bzw „Verfassungsbestimmung“ zu bezeichnen.

Gesetz im materiellen Sinn: Generell-abstrakte Regelungen, die Außenwirkung haben, werden als „Gesetz im materiellen Sinn“ bezeichnet. Dies können insb Gesetze, aber auch Verordnungen sein. Ob es sich bei einer Regelung um ein Gesetz im materiellen Sinn handelt, erkennt man, wenn man den Inhalt der Regelung betrachtet.

Gesetz im formellen Sinn: Regelungen, die von einem Gesetzgebungsorgan in **einem bestimmten Rechtserzeugungsverfahren** (= einer bestimmten Form) erzeugt wurden – und zwar in einem Gesetzgebungsverfahren.

Materielles Recht: Materielles Recht ist Recht, das ein bestimmtes **Verhalten und allenfalls Sanktionen** bei Nichtbefolgung anordnet (Verhaltensrecht, Zwangsnorm). Ob es sich bei einer Regelung um materielles Recht handelt, erkennt man, wenn man den **Inhalt** der Regelung betrachtet.

Formelles Recht: Formelles Recht regelt, **wer** befugt ist, **Zwangsnormen zu vollziehen** und **wie** dabei vorzugehen ist (Verfahrensrecht im weiteren Sinn, Zwangsnormvollzugsnorm) Ob es sich bei einer Regelung um formelles Recht handelt, erkennt man, wenn man den **Inhalt** der Regelung betrachtet.

2. RECHTSNORMEN – RECHTSVORSCHRIFTEN

Die eben beschriebene Gliederung der Rechtsnormen erfolgt, wie gesagt, auf einer **theoretisch abstrakten Ebene**. Die **Regelungen des positiven Rechts** werden oft nicht so klar strukturiert erlassen. Dies soll an einem **Beispiel** gezeigt werden:

Die bereits im ersten Teil erwähnten Geschwindigkeitsbeschränkungen sind grundsätzlich in der Straßenverkehrsordnung 1960 (StVO), einem Bundesgesetz, geregelt:

> § 20 (2): „*Sofern die Behörde nicht gemäß § 43 eine geringere Höchstgeschwindigkeit erlässt oder eine höhere Geschwindigkeit erlaubt, darf der Lenker eines Fahrzeuges im Ortsgebiet nicht schneller als 50 km/h, auf Autobahnen nicht schneller als 130 km/h und auf den übrigen Freilandstraßen nicht schneller als 100 km/h fahren*“.
>
> § 2 (1) Z 15: „*Im Sinne dieses Bundesgesetzes gilt als Ortsgebiet: das Straßennetz innerhalb der Hinweiszeichen „Ortstafel“ (§ 53 Z 17a) und „Ortsende“* (§ 53 Z 17b)“;
>
> § 53 Z 17a. „ORTSTAFEL“
>
> 
>
>
> Dieses Zeichen gibt den Namen eines Ortes an und ist jeweils am Beginn des verbauten Gebietes anzubringen. Ein Gebiet ist dann verbaut, wenn die örtliche Zusammengehörigkeit mehrerer Bauwerke leicht erkennbar ist. …
>
> § 53 Z 17b. „ORTSENDE“
>
> 
>
>
> Dieses Zeichen ist auf der Rückseite des Zeichens „Ortstafel“ anzubringen; dem Zeichen kann ein Hinweis auf die Entfernung bis zum nächsten Ort mit Verkehrsbedeutung beigefügt werden.

> § 99 (2) Eine Verwaltungsübertretung begeht und ist mit einer Geldstrafe von 36 Euro bis 2180 Euro, im Fall ihrer Uneinbringlichkeit mit Freiheitsstrafe von 24 Stunden bis sechs Wochen, zu bestrafen,
>
> lit c: wer als Lenker eines Fahrzeuges, zB beim Überholen, als Wartepflichtiger oder in Hinblick auf eine allgemeine oder durch Straßenverkehrszeichen kundgemachte Geschwindigkeitsbeschränkung, unter besonders gefährlichen Verhältnissen oder mit besonderer Rücksichtslosigkeit gegenüber anderen Straßenbenützern gegen die Vorschriften dieses Bundesgesetzes oder der auf Grund dieses Bundesgesetzes erlassenen Verordnungen verstößt, sofern nicht eine Übertretung nach Abs. 2d oder 2e vorliegt.
>
> (2e) Eine Verwaltungsübertretung begeht und ist mit einer Geldstrafe von 150 bis 2180 Euro, im Fall ihrer Uneinbringlichkeit mit Freiheitsstrafe von 48 Stunden bis zu sechs Wochen, zu bestrafen, wer die jeweils zulässige Höchstgeschwindigkeit im Ortsgebiet um mehr als 40 km/h oder außerhalb des Ortsgebiets um mehr als 50 km/h überschreitet.

Die Zwangsnorm „Man darf im Ortsgebiet nicht mehr als 50 km/h fahren (= Gebotsteil), sonst soll man mit einer (näher umschriebenen) Strafe sanktioniert werden (= Sanktionsteil)“, ist also im positiven Recht viel komplexer geregelt.

Während man die **gesamte Anordnung aus rechtstheoretischer Sicht als Rechtsnorm** (hier: Zwangsnorm) bezeichnet, nennt man die einzelnen Regelungen in den konkreten Ausformulierungen des positiven Rechts **Rechtsvorschriften**.

ZWANGSNORM
und RECHTSVORSCHRIFTEN

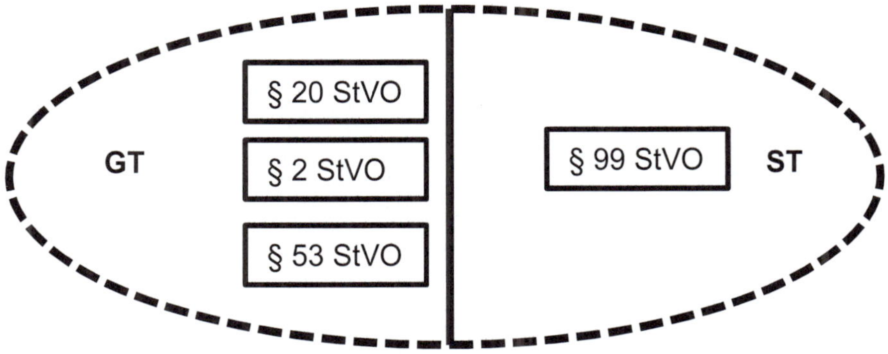

GT	Gebotsteil	Zwangsnorm	(gestrichelte Ellipse)
ST	Sanktionsteil	Rechtsvorschriften	(Rechteck)

Ähnliche Strukturen findet man im Zusammenhang mit den Erzeugungsnormen und den Zwangsnormvollzugsnormen.

> So besteht zB die **Erzeugungsnorm** für die Erlassung von Bundesgesetzen – wie der StVO – aus Rechtsvorschriften des Bundesverfassungsgesetzes und anderer Bundesgesetze – wie zum Beispiel der Nationalratswahlordnung, dem Geschäftsordnungsgesetz und dem Bundesgesetzblattgesetz.

ERZEUGUNGSNORM (für StVO)
und RECHTSVORSCHRIFTEN

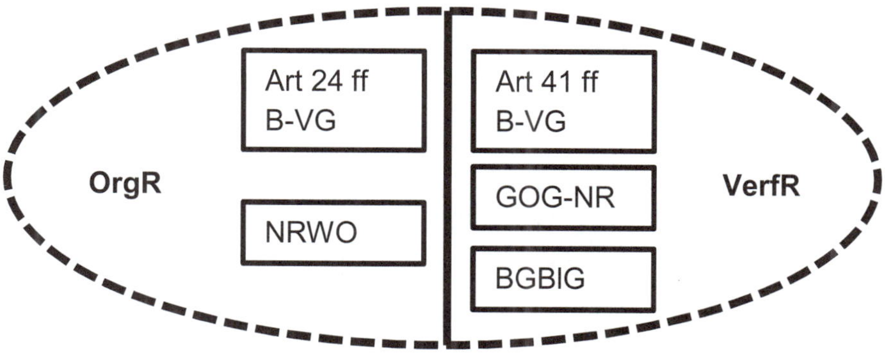

OrgG	Organisationsrecht	Erzeugungsnorm	(gestricheltes Oval)
VerfR	Verfahrensrecht	Rechtsvorschriften	(Rechteck)

Die **Zwangsnormvollzugsnorm** zu den materiellrechtlichen Regelungen der StVO findet man insb in Regelungen der StVO und des Verwaltungsstrafgesetzes.

Der Begriff „Rechtsnorm" hat aus rechtstheoretischer Sicht eine bestimmte Bedeutung und wird vom Begriff „Rechtsvorschrift" unterschieden. In der **juristischen Alltagssprache** unterscheiden wir allerdings nicht immer genau zwischen Rechtsnormen und Rechtsvorschriften; oft sprechen wir von Rechtsnormen, meinen aber Rechtsvorschriften.

3. GELTUNGS- BZW ANWENDUNGSBEREICHE VON NORMEN

Wie bereits im Zusammenhang mit dem Kapitel von Staat und Recht deutlich geworden ist, beziehen sich Rechtsnormen immer auf ein bestimmtes Gebiet und eine bestimmte Personengruppe.

- Bezogen auf das räumliche Gebiet, für das Rechtsnormen Geltung haben bzw auf das sie anzuwenden sind, spricht man vom **örtlichen Geltungs- bzw Anwendungsbereich**.

So können sich zB Rechtsnormen auf das gesamte Bundesgebiet (in der Regel Bundesgesetze) oder nur auf einen Teil des Staatsgebietes – etwa ein Bundesland (zB Landesgesetze) oder auf eine Gemeinde (zB Verordnungen von Gemeindeorganen) beziehen.

- Bezogen auf die Personen, für die Rechtsnormen Geltung haben bzw auf die sie anzuwenden sind, spricht man vom **persönlichen Geltungs- oder Anwendungsbereich.**

So können sich Rechtsnormen auf alle Staatsbürger*innen beziehen oder nur auf bestimmte Personengruppen (etwa Studierende).

Im Hinblick auf den persönlichen Anwendungs- bzw Geltungsbereich unterscheidet man auch zwischen generellen und individuellen Normen. Generelle Normen richten sich an einen unbestimmten, nach Gattungsmerkmalen bestimmten Personenkreis (zB Gesetze, Verordnungen); individuelle Normen richten sich an bestimmte Personen (zB Bescheide, Urteile).

- Man kann aber auch noch weitere Geltungs- bzw Anwendungsbereiche von Rechtsnormen unterscheiden: Rechtsnormen beziehen sich auf bestimmte Lebenssachverhalte bzw Verhalten, an das Rechtsnormen anknüpfen: etwa das Halten von Tieren, das Errichten von Gebäuden, den Schutz von „von Menschen geschaffenen unbeweglichen und beweglichen Gegenständen … von geschichtlicher, künstlerischer oder sonstiger kultureller Bedeutung (‚Denkmale')". Man spricht vom **sachlichen Geltungs- bzw Anwendungsbereich** von Normen.
- Rechtsnormen haben aber auch einen zeitlichen Bezug; man spricht vom **zeitlichen Geltungs- bzw Anwendungsbereich** von Normen.

Rechtsnormen entstehen, sobald der letzte Akt, den die Erzeugungsnorm für die Erzeugung vorgesehen hat, gesetzt ist (zB Kundmachung im Bundesgesetzblatt). Damit ist die Rechtsnorm Bestandteil einer Rechtsordnung (sie hat **Geltung** bzw sie gilt).

Von der Geltung ist die zeitliche Anwendbarkeit – das **Inkrafttreten** – einer Rechtsnorm zu unterscheiden: Dh, dass die Regelung auf Sachverhalte, die sich ab dem Zeitpunkt des Inkrafttretens ereignen, anzuwenden ist.

Das Inkrafttreten kann

- mit der Kundmachung erfolgen,

  Art 49 Abs 1 B-VG bestimmt für Bundesgesetze, dass diese, sofern nichts anderes geregelt ist, mit dem der Kundmachung folgenden Tag in Kraft treten.
- zu einem späteren Zeitpunkt **(„Legisvakanz")** oder
- „**rückwirkend**". Im diesem Fall ist sie auf Sachverhalte anzuwenden, die sich vor Kundmachung der Norm ereignet haben.

Auf die verfassungsrechtliche Problematik der Rückwirkung wurde bereits im Kapitel Verfassungsrecht auf S. 33 ff hingewiesen.

4. FEHLERHAFT ERZEUGTE RECHTSNORMEN

Rechtsnormen leiten ihre Geltung daraus ab, dass sie auf Grundlage anderer Normen erzeugt werden. Aus rechtstheoretischer Sicht stellt sich die Frage, welche Konsequenzen es hat, wenn bei der Erzeugung Fehler passieren – wenn also nicht alle Regelungen, die die Erzeugungsnorm anordnet, eingehalten werden.

> Beispielsweise: Ein Landesgesetz sieht vor, dass für die Erzeugung einer Verordnung zunächst der Entwurf des Verordnungstextes zur Einsicht aufzulegen ist, damit die Betroffenen Gelegenheit haben, sich zu informieren und allenfalls Einwendungen vorbringen können.
>
> Im Anschluss daran ist ein Beschluss zu fassen, mit dem der endgültige Inhalt der Verordnung festgelegt wird. Dieser Beschluss ist anschließend im Amtsblatt zu veröffentlichen (= kundzumachen).
>
> Es stellt sich die Frage, welche Konsequenzen es hat, wenn zB das Einsichtsverfahren nicht durchgeführt, der Beschluss aber dennoch gefasst und im Amtsblatt kundgemacht wird.

Aus **abstrakt theoretischer Sicht** ist die Konsequenz klar: Sind nicht alle Bedingungen erfüllt worden, die die Rechtsnorm (in unserem Beispiel: das Landesgesetz) für die Erzeugung vorschreibt, dann **kommt die Norm**, die erzeugt werden sollte (die Verordnung) **nicht zustande** – maW: sie ist **absolut nichtig**.

Dies würde allerdings bedeuten, dass zwar die Regelung absolut nichtig wäre, es aber den Anschein hat, als wäre sie erlassen worden – insb wenn ein Willensakt eines Organs gesetzt wurde und dieser nach außen kundgemacht wurde. Jede bzw jeder müsste selbst beurteilen, ob die Norm fehlerhaft erlassen wurde, ob sie daher existiert und ob sie befolgt werden muss. Dies würde wiederum zu großer **Rechtsunsicherheit** führen. Denn nicht immer ist es – wie in unserem Beispiel – so einfach zu sagen, ob die erlassene Norm rechtswidrig erlassen wurde.

Im **positiven Recht** finden sich vielfach Regelungen, wonach **fehlerhaft erzeugte Normen unter bestimmten Voraussetzungen geändert oder aufgehoben** werden können (vgl bereits oben S. 49 ff).

> So bestimmt etwa Art 139 Abs 1 B-VG, dass der Verfassungsgerichtshof über die Gesetzwidrigkeit von Verordnungen „erkennt".
>
> Der Verfassungsgerichtshof darf nach Abs 3 die Bestimmung einer Verordnung nur insoweit als gesetzwidrig aufheben, als ihre Aufhebung ausdrücklich beantragt wurde oder als er sie in der bei ihm anhängigen Rechtssache anzuwenden hätte.
>
> Gelangt der Verfassungsgerichtshof jedoch zur Auffassung, dass die ganze Verordnung
> 1. der gesetzlichen Grundlage entbehrt,
> 2. von einer unzuständigen Behörde erlassen wurde oder
> 3. in gesetzwidriger Weise kundgemacht wurde, so hat er die ganze Verordnung als gesetzwidrig aufzuheben.

Wenn nun aber **im positiven Recht normiert** wird, dass eine **fehlerhafte Regelung abgeändert oder aufgehoben** werden kann, muss sie zunächst Geltung erlangt haben – denn sonst könnte sie ja nicht abgeändert oder aufgehoben werden.

Aus rechtstheoretischer Sicht werden Regelungen, die anordnen bzw aus denen sich ableiten lässt, dass Fehler bei der Erzeugung von Normen nicht zur absoluten Nichtigkeit der erzeugten Norm führen, als **„Fehlerkalkül"** bezeichnet. Derartige Regelungen dienen der **Rechtssicherheit**. Bis die (uU fehlerhaft erzeugte) Regelung aufgehoben (bzw abgeändert) wird, ist sie in Geltung und muss auch befolgt werden. Der Rechtssicherheit wird insofern der Vorzug gegenüber der Rechtsrichtigkeit gegeben.

Dabei geht man allerdings davon aus, dass **zwei Voraussetzungen jedenfalls erfüllt sein müssen**, damit eine Norm, wenn auch fehlerhaft erzeugt, dennoch zustande kommen kann:

- Es muss zumindest ein **Willensakt** eines für die Setzung eines derartigen Staatsaktes grundsätzlich zuständigen **Staatsorgans** vorliegen **und**
- der Akt muss – zumindest in ortsüblicher Weise – **veröffentlicht** worden sein (**Kundmachung** von Gesetzen und Verordnungen oder **Zustellung** von Urteilen oder Bescheiden).

Man geht also davon aus, dass – wie in dem angeführten Beispiel – eine „Verordnung" im Sinne von Art 139 B-VG nur dann vorliegt, wenn es zumindest einen (generell-abstrakten – vgl dazu die Ausführungen zum Verwaltungsrecht) Willensakt eines Verwaltungsorgans gibt und dieser kundgemacht wurde.

Wird also in unserem Beispiel der Verordnungserlassung der Beschluss – etwa durch einen Irrtum – **nicht kundgemacht**, entsteht gar keine Verordnung; der Verfassungsgerichtshof kann und braucht diese auch nicht aufheben.

Wurde **nie ein Beschluss gefasst**, sondern irrtümlich durch einen Behördenmitarbeiter ein nicht beschlossener Entwurf zur Kundmachung weitergeleitet und schließlich kundgemacht, so entsteht ebenfalls keine Verordnung. Freilich: Durch die Kundmachung entsteht auch hier der Anschein einer rechtlich existierenden Norm. Da aber in diesem Fall gar kein Staatsorgan ein Sollen angeordnet hat, geht man davon aus, dass keine Norm entsteht. Auch in diesem Fall kann und braucht der Verfassungsgerichtshof diese nicht aufheben.

5. SYSTEMATISIERUNG VON RECHT

a. Gliederung nach dem Rechtserzeugungszusammenhang: Stufenbau nach der rechtlichen Bedingtheit

Rechtsnormen werden auf Grund anderer Rechtsnormen erzeugt. Die Erzeugungsnormen regeln, wer ermächtigt ist, die Norm zu erzeugen, und wie dabei vorzugehen ist. Zwischen der **Erzeugungsnorm** und der **nach dieser Erzeugungsnorm erzeugten Norm** gibt es einen Zusammenhang. Auf Grund dieses Zusammenhangs kann man die verschiedenen Normen einer Rechtsordnung in Beziehung zueinander darstellen. MaW: man kann eine **Gliederung nach dem Erzeugungszusammenhang** vornehmen.

Das System, das dabei entsteht, wird auch als „**Stufenbau nach der rechtlichen Bedingtheit**" bezeichnet. In diesem Modell stehen **Erzeugungsnormen über den erzeugten Normen**.

Dieser Erzeugungszusammenhang ergibt sich (ausschließlich) aus einer **inhaltlichen Betrachtung der Normen,** da sich nur aus dem **Inhalt** einer Norm erkennen lässt, ob sie Erzeugungsnorm in Bezug auf eine andere Norm ist.

Kommen wir auf das Beispiel des Gerichtsvollziehers zurück:

> Der Gerichtsvollzieher ist durch § 25a Abs 1 der Exekutionsordnung in Verbindung mit einer gerichtlichen Bewilligung ermächtigt, eine Anordnung zu erlassen. Diese (Exekutions)Anordnung muss also (auch) durch ein Gericht bewilligt werden. Die genannte Regelung in der Exekutionsordnung bildet in Verbindung mit der gerichtlichen Bewilligung (und anderen Vorschriften, die Näheres regeln) die Erzeugungsnorm für die Anordnung des Exekutors.
>
> Die gerichtliche Bewilligung hat ihre rechtliche Grundlage in der Exekutionsordnung (vgl insb § 17 Abs 1 Exekutionsordnung). Die Regelung der Exekutionsordnung ist – wiederum in Zusammenhang mit anderen gesetzlichen Vorschriften – Erzeugungsnorm für die gerichtliche Bewilligung.
>
> Die Exekutionsordnung ist ein Bundesgesetz. Bundesgesetze werden insb vom Nationalrat, einem Gesetzgebungsorgan des Bundes, erlassen. Wer genau zuständig ist und wie dabei vorzugehen ist, ist einerseits in den Art 24 ff und 41 ff B-VG geregelt, andererseits in einfachen Bundesgesetzen (wie der Nationalratswahlordnung, dem Geschäftsordnungsgesetz, dem Bundesgesetzblattgesetz). Diese Vorschriften zusammen bilden die Erzeugungsnorm für die Exekutionsordnung.

Stellt man diesen **Zusammenhang in einem Stufenbaumodell** dar, zeigt sich folgende Gliederung:

Die Regelungen der Art 24 ff und 41 ff B-VG iVm den Regelungen der Nationalratswahlordnung, des Geschäftsordnungsgesetzes und des Bundesgesetzblattgesetzes [**EZN 1**] stehen im Stufenbau nach der rechtlichen Bedingtheit über den Regelungen der Exekutionsordnung.
Die Regelungen der Exekutionsordnung über die gerichtliche Bewilligung (+ die anderen Vorschriften) [EZN 2] stehen über der gerichtlichen Bewilligung und unter den Regelungen der Art 24 ff und 41 ff B-VG iVm den Regelungen der Nationalratswahlordnung, des Geschäftsordnungsgesetzes und des Bundesgesetzblattgesetzes.
Die gerichtliche Bewilligung (in Verbindung mit anderen Regelungen) [**EZN 3**] steht über der Anordnung des Exekutors und unter den Regelungen der Exekutionsordnung, die ihre Erzeugung regeln (und den anderen Vorschriften, die dies tun).
Die **Anordnung des Exekutors** steht unter der gerichtlichen Bewilligung (in Verbindung mit anderen Regelungen), also unter der [EZN 3].

- Stufenbau nach der rechtlichen Bedingtheit – Gliederung nach dem **INHALT**

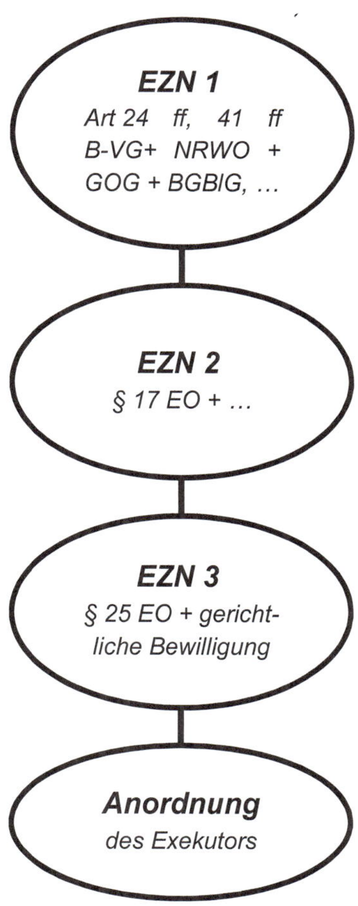

erzeugte Norm (in Bezug auf EZN1)
EZN (in Bezug auf EZN 3)

erzeugte Norm (in Bezug auf EZN2)
EZN (in Bezug auf Anordnung)

An dem Beispiel wird auch deutlich, dass eine Norm in Bezug auf eine andere Norm zwar erzeugte Norm ist, gleichzeitig aber auch für eine weitere Norm Erzeugungsnorm sein kann:

- EZN 2 ist in Bezug auf EZN 1 erzeugte Norm, in Bezug auf EZN 3 Erzeugungsnorm.
- EZN 3 ist in Bezug auf EZN 2 erzeugte Norm aber in Bezug auf die Anordnung des Exekutors Erzeugungsnorm.

Man spricht davon, dass Normen ein **doppeltes Rechtsantlitz** haben, wenn sie **zugleich erzeugte Norm und Erzeugungsnorm** sind.

b. Gliederung nach der Rechtserzeugungsform: Stufenbau nach der derogatorischen Kraft

Die Erzeugungsnorm regelt, wer ermächtigt ist, Normen zu erzeugen (Organisationsrecht) und wie dabei vorzugehen ist (Verfahrensrecht). Aus dem „Wie" – dem Erzeugungsverfahren – resultiert eine bestimmte **„Rechtsform"**, also **die auf eine bestimmte Art und Weise erzeugte Norm**. Dies lässt sich am Beispiel der verschiedenen „Formen" von Bundesgesetzen verdeutlichen:

> Der Nationalrat ist immer zuständig diese Bundesgesetze zu erlassen.
>
> Für (einfache) Bundesgesetze (**BG**) müssen für eine Beschlussfassung mindestens 1/3 der Abgeordneten anwesend sein und davon müssen mehr als die Hälfte der abgegebenen Stimmen zustimmen (Art 31 B-VG).
>
> Für (teiländernde) Bundesverfassungsgesetze (**BVG**) ist die Anwesenheit von mindestens 1/2 der Nationalratsabgeordneten erforderlich, 2/3 davon müssen zustimmen (Art 44 Abs 1 B-VG).
>
> Wenn Grundprinzipien der Verfassung geändert werden sollen (etwa das Grundprinzip der Demokratie), bedarf es zusätzlich eines **gesamtändernden Bundesverfassungsgesetzes** (Art 44 Abs 3 B-VG). Dieses ist im Nationalrat ebenso zu beschließen wie Bundesverfassungsgesetze, nur ist es zusätzlich noch einer Volksabstimmung zu unterziehen.

Wir können also nach diesen Erzeugungsregelungen die Rechtsformen

- (einfaches) Bundesgesetz,
- (teiländerndes) Bundesverfassungsgesetz und
- gesamtänderndes Bundesverfassungsgesetz unterscheiden.

Andere Rechtsformen sind zB Landesverfassungsgesetze, (einfache) Landesgesetze, Verordnungen (generell-abstrakte Verwaltungsakte), Bescheide (individuell-konkrete Verwaltungsakte), Urteile (individuell-konkrete Akte von Gerichten).

Die verschiedenen Formen von Bundesgesetzen sind auf Grund verschiedener Erzeugungsbedingungen geschaffen, die sich durch **strengere rechtliche Anforderungen an die Erzeugung** unterscheiden.

Am aufwändigsten zu erzeugen sind **gesamtändernde Bundesverfassungsgesetze**, denn bei diesen ist zusätzlich zu den **erhöhten Quoren** im Nationalrat auch die **Zustimmung der Mehrheit des Volkes** notwendig.

Auf Grund des Umstandes, dass **keine** Volksabstimmung erforderlich ist, sind **Bundesverfassungsgesetze** in einem weniger aufwändigen Verfahren zu erzeugen, allerdings auf Grund der **erforderlichen erhöhten Quoren** noch immer aufwändiger als einfache Bundesgesetze.

Am einfachsten zu erzeugen sind **einfache Bundesgesetze**. Für deren Erzeugung müssen **weniger Abgeordnete des Nationalrates anwesend sein** und es müssen **weniger zustimmen**, damit sie zustande kommen können.

Aus diesem unterschiedlichen Schwierigkeitsgrad der Erzeugung kann man ableiten, dass Normen, für deren Erzeugung strengere rechtliche Anforderungen bestehen, nicht durch Normen, für deren Erzeugung weniger strenge rechtliche Anforderungen bestehen, aufgehoben oder abgeändert werden können – denn sonst hätte ja die Normierung der Anforderungen für die Erzeugung keinen Sinn.

MaW: Wir können aus der Form einer Norm (die sich aus der Art der Erzeugung ergibt) auf die **derogatorische Kraft** von Normen schließen – also auf deren

rechtliche Kraft, andere Normen aufheben oder abändern zu können. Die derogatorische Kraft einer Norm ergibt sich – wie gesagt – **aus der Form (der Art der Erzeugung) der Normen**. Sie ist größer, je strenger die rechtlichen Anforderungen für die Erzeugung sind.

Auch diese **Derogationszusammenhänge** von Normen können in einem Stufenbaumodell dargestellt werden: dem **Stufenbau nach der derogatorischen Kraft**. In diesem Modell stehen schwieriger erzeugte Normen (die dadurch eine höhere derogatorische Kraft haben) über leichter erzeugten Normen.

> Schwieriger erzeugte Normen (zB Bundesverfassungsgesetze, die mit höheren Quoren im Nationalrat zu erzeugen sind, als einfache Bundesgesetze) können leichter erzeugte Normen (zB einfache Bundesgesetze) aufheben oder abändern; umgekehrt ist das letztlich nicht möglich („letztlich" bezieht sich auf das Fehlerkalkül).
>
> Sie stehen im Stufenbaumodell nach der derogatorischen Kraft über leichter erzeugten Normen.
>
> Bundesverfassungsgesetze sind wiederum in einer leichteren Form erzeugt als gesamtändernde Bundesverfassungsgesetze.
>
> Daher stehen Bundesverfassungsgesetze im Stufenbau nach der derogatorischen Kraft unter gesamtändernden Bundesverfassungsgesetzen.

Daraus ergibt sich folgende Darstellung im Stufenbau nach der derogatorischen Kraft:

- Stufenbau nach der derogatorischen Kraft – Gliederung nach der **FORM**

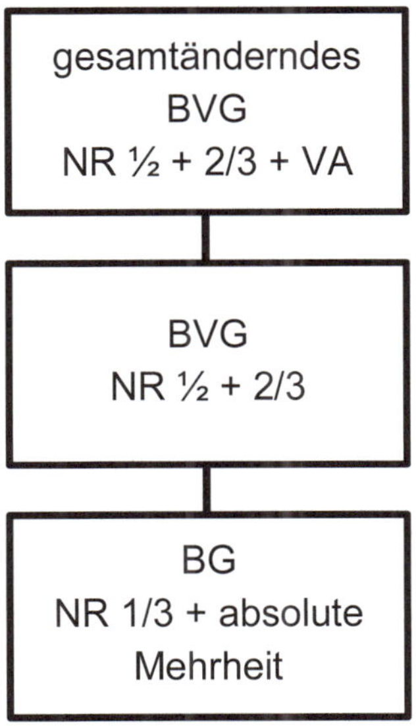

Normen gleicher Form stehen im Stufenbaumodell nach der derogatorischen Kraft **nebeneinander.**

Treten zwischen diesen Normen Konflikte auf, sind diese insb nach der **lex posterior-Regel** zu lösen. Dabei geht man davon aus, dass bei einem Normenkonflikt die vom selben Normsetzer später erlassene Norm, die früher erlassene Norm aufhebt (maW sie derogiert).

> Wird also das Pensionsalter von Frauen in einem Bundesgesetz mit der Vollendung des 60. Lebensjahres festgelegt und in einem später erlassenen Bundesgesetz mit Vollendung des 65. Lebensjahres, so gilt die später erlassene Regelung.

Wir sprechen auch davon, dass die Regelung **novelliert** wurde. Die früher erlassene Rechtsnorm wird aufgehoben und durch eine neue ersetzt.

- Wird, wie in dem Beispiel, die Aufhebung (= Derogation) nicht ausdrücklich angeordnet, sondern ergibt sich die Derogation ausschließlich aus dem widersprüchlichen Inhalt der Regelungen auf Grund der lex posterior Regel, sprechen wir von **materieller Derogation** (denken Sie an das Beispiel des Normenkonflikts, der durch die lex posterior Regel aufgelöst wird).
- In einer Norm kann aber auch **ausdrücklich normiert** werden, dass die alte Regelung aufgehoben wird. In einem solchen Fall sprechen wir von **formeller Derogation**.

> ZB „§ 16 in der Fassung BGBl I 2002/13 wird aufgehoben" (die Formulierungen sind unterschiedlich –man findet auch: „§ 16 tritt außer Kraft", „§ 16 entfällt".

Dabei ist aber auch zu bedenken: Im positiven Recht sind Regelungen zu finden, die anordnen, **dass eine Norm jedenfalls zunächst entsteht und bei Rechtswidrigkeit aufgehoben werden muss** (Bundesgesetze können etwa durch den Verfassungsgerichtshof aufgehoben werden; vgl die Ausführungen zum **Fehlerkalkül** auf S. 112 ff). Solange sie nicht aufgehoben ist, kann sie also – vorläufig – derogatorische Wirkung entfalten. Da sie jedoch auf Grund des Fehlerkalküls aufgehoben werden kann, sprechen wir davon, dass Normen niederer Stufe Normen höherer Stufe „letztlich" nicht derogieren können.

Anzumerken ist weiters, dass das **positive Recht auch andere Regelungen** kennt, die bewirken, dass nach diesen Überlegungen zur derogatorischen Kraft von Normen eine **Darstellung in einem Stufenbaumodell nicht oder nur schwer erfolgen** kann. So bestehen etwa zwischen einfachen Bundesgesetzen und einfachen

Landesgesetzen nach österreichischem Bundesverfassungsrecht keine Derogationsbeziehungen. Anders ist das zB nach dem Bonner Grundgesetz (dem deutschen Verfassungsgesetz), das den Grundsatz „Bundesrecht bricht Landesrecht" kennt.

c. Stufenbau nach der rechtlichen Bedingtheit – Stufenbau nach der derogatorischen Kraft

Die Stellung einer Regelung kann im Stufenbau nach der rechtlichen Bedingtheit und im Stufenbau nach der derogatorischen Kraft unterschiedlich sein, da das eine Mal auf den Inhalt der Regelung, das andere Mal auf die Form, in der sie erzeugt wurde, geachtet wird.

Stufenbau nach der rechtlichen Bedingtheit	Stufenbau nach der derogator-ischen Kraft
Inhalt	Form – Rechtserzeugung

Nehmen wir als Beispiel das Bundesgesetzblattgesetz (BGBlG). Es ist ein einfaches Bundesgesetz (Form), das nähere Regelungen über die Kundmachung von Bundesgesetzen im Bundesgesetzblatt enthält, und daher Teil der Erzeugungsnorm für andere (einfache) Bundesgesetze ist.

Es steht im Stufenbau nach der rechtlichen Bedingtheit über Bundesgesetzen, die nach den Regelungen des BGBlG kundgemacht wurden (zB dem Universitätsgesetz 2002).

Im Stufenbau nach der derogatorischen Kraft stehen BGBlG und andere einfache Bundesgesetze, wie das Universitätsgesetz 2002, nebeneinander, da sie beide in derselben Form (einfaches Bundesgesetz) erlassen wurden.

Stufenbau nach der rechtlichen Bedingtheit

INHALT

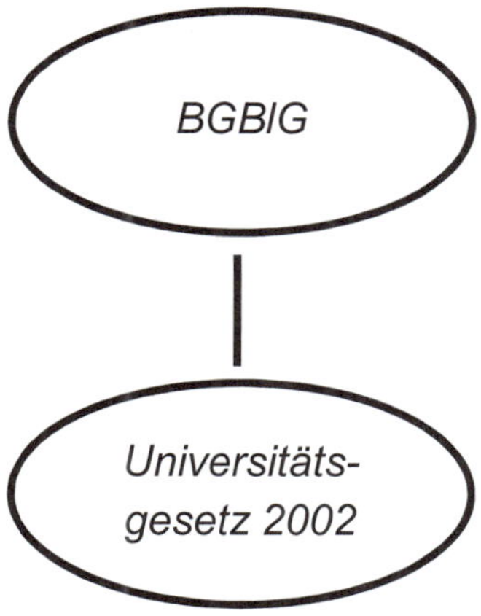

Stufenbau nach der derogatorischen Kraft

FORM

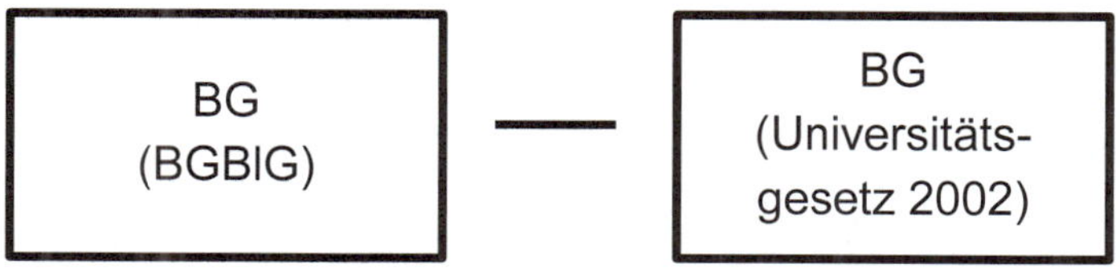

6. DIE GELTUNG VON RECHTSNORMEN

Wir sind davon ausgegangen, dass **Normen nur aus anderen Normen abgeleitet** werden können. Denken wir an das Beispiel des Räubers und des Gerichtsvollziehers:

> Wir haben die Anordnung des Gerichtsvollziehers, Geld herauszugeben, deshalb als Rechtsnorm qualifiziert, weil der Gerichtsvollzieher, im Gegensatz zum Räuber, durch eine staatliche Rechtsnorm ermächtigt ist, für den Staat Geld einzutreiben: einerseits durch die bereits genannte Regelung des § 25a Abs 1 der Exekutionsordnung, andererseits muss eine bestimmte Exekution durch ein Gericht bewilligt werden (vgl insb § 17 Abs 1 Exekutionsordnung).
>
> Die gerichtliche Bewilligung ist ebenfalls eine staatliche Anordnung, ein rechtliches Sollen, also eine Rechtsnorm. Sie hat ihre rechtliche Grundlage in der Exekutionsordnung, einem Bundesgesetz.
>
> Bundesgesetze werden insb vom Nationalrat, einem Gesetzgebungsorgan des Bundes, erlassen. Ihre rechtliche Grundlage liegt im B-VG, dem Bundes-Verfassungsgesetz.
>
> Auch das Bundes-Verfassungsgesetz enthält ein staatlich angeordnetes Sollen und ist damit eine Rechtsnorm.

Damit stellt sich aber die Frage, **woraus die oberste Norm** des positiven Rechts (in unserem Beispiel: das B-VG) **ihre Geltung ableitet**. Aus dem positiven Recht kann die Geltung nicht begründet werden, es muss eine Begründung außerhalb des positivrechtlichen Systems sein.

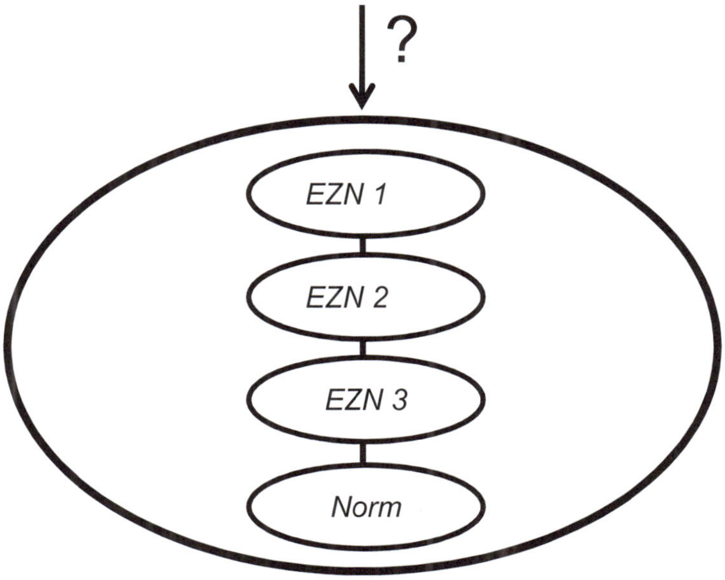

Warum Normen gelten, ist eine Frage, zu der in den Rechtswissenschaften - auch im Laufe der geschichtlichen Entwicklung – ganz **unterschiedliche Ansätze** entwickelt wurden. Während solche Überlegungen im Rahmen der Rechtstheorie die Funktion haben, die Geltung oberster Normen überhaupt zu begründen, beschäftigt man sich im Rahmen der Rechtsphilosophie in diesem Zusammenhang oftmals mit dieser Frage, um einen Maßstab für eine kritische Überprüfung von Normen oder Normensystemen oder staatlichem Handeln zu haben.

- Es gibt Ansätze, bei denen letztlich das Sollen aus dem Bestehen von Tatsachen (einem Sein) begründe**t** wird:

  - Zum Teil wird angenommen, dass die Geltung darauf beruht, dass das Recht von einer Autorität (Souverän) als Befehl (Imperativ) gesetzt wurde und tatsächlich mit Zwangsgewalt (Macht) durchgesetzt werden kann („**Machttheorien**").

  - Nach anderen Theorien kommt es darauf an, dass diejenigen Menschen, deren Verhalten geregelt ist oder die Staatsorgane die Rechtsordnung bzw ihre Normen anerkennen („**Anerkennungstheorien**").

- Zum Teil wird die Geltung von Rechtsnormen aus **ethischen Aspekten, Werten oder Rechtsideen** (Werten) abgeleitet bzw ihre Geltung davon abhängig gemacht, dass sie im Einklang mit diesen stehen.

  Rechtsnormen gelten demnach dann nicht, wenn sie unerträglich ungerecht sind, zB weil sie grundlegenden Anforderungen der Gerechtigkeit nicht entsprechen (wobei in diesem Zusammenhang vor allem das Problem besteht, was man unter Gerechtigkeit versteht).

Auch Überlegungen von oft unter dem Begriff „Naturrecht" zusammengefassten Theorien können im vorliegenden Zusammenhang eine Rolle spielen.

Ziel dieser Lehren ist es, allen Menschen als Vernunftwesen unbedingt verpflichtende Ordnungsprinzipien des Rechts aufzuzeigen und damit jedenfalls einen Maßstab für eine Kritik des bestehenden Rechts zu gewinnen. Damit können auch Konsequenzen für die Geltung verbunden werden.

- Es gibt auch Auffassungen, die die Geltung von Rechtsordnungen **rein normativ** begründen. Ausgangspunkt dafür sind folgende Überlegungen:

  - Trennung von Sein und Sollen;

    Geht man vom strikten Grundsatz der Trennung von Sein und Sollen aus, muss man es ablehnen, die Geltung oberster Normen des positiven Rechts aus tatsächlichen Gegebenheiten (einem Sein) abzuleiten.

  - Wertrelativismus;

    Weiters geht diese Auffassung davon aus, dass es menschlicher Erkenntnis nicht möglich ist, absolute – dem Menschen quasi vorgegebene – Werte zu erkennen (also beispielsweise einen allgemeingültigen Begriff der Gerechtigkeit). Diese Auffassung bezeichnet man als „Wertrelativismus".

    Auf Grund dieser wertrelativistischen Haltung wird abgelehnt, die Geltung von obersten Rechtsnormen des positiven Rechts aus Werten abzuleiten bzw ihre Geltung davon abhängig zu machen, dass sie im Einklang mit ethischen Vorstellungen stehen – beispielsweise ihre Geltung davon abhängig zu machen, ob die Norm „gerecht" ist.

    Das bedeutet freilich nicht, dass angenommen wird, Werte hätten mit dem positiven Recht nichts zu tun. Denn jede rechtliche Regelung beruht auf Wertentscheidungen. Es ist nur ein Unterschied, ob man auf einer Metaebene Werte zur Geltungsbegründung heranzieht, oder Werte im positiven Recht regelt.

  - Daraus folgt: die Annahme **Grundnorm**;

    Lehnt man wegen der Trennung von Sein und Sollen die Geltungsbegründung der obersten positivrechtlichen Norm mit einem Sein (dh einer Tatsache) ab und geht man weiter davon aus, dass man die Geltung nicht von Werten abhängig machen kann, **kann man die Geltung der obersten positivrechtlichen Norm**, aus der sich die Rechtsordnung ableitet, letztlich nur **annehmen**. Diese Konzeption liegt der **Reinen Rechtslehre** zu Grunde (eine rechtspositivistische Rechtstheorie, deren

wesentlicher Vertreter *Hans Kelsen* war). Diese **Annahme wird „Grundnorm“ genannt**, sie ist keine Norm des positiven Rechts.

Freilich können auch die Vertreter*innen der Reinen Rechtslehre schon aus **Zweckmäßigkeitsüberlegungen** nicht ganz die tatsächlichen Gegebenheiten (und damit das Sein) ausblenden. Daher wird eine Rechtsordnung nur dann als geltende Rechtsordnung angenommen, wenn sich die Rechtsordnung insgesamt im Großen und Ganzen etabliert hat, also effektiv ist (vgl dazu auch die Ausführungen zum Staat bzw zur Staatsgewalt auf S.80 ff). Diese Überlegung basiert, wie gesagt, auf Zweckmäßigkeitsüberlegungen. Denn es ist – etwa nach politischen Umbrüchen und der Etablierung eines neuen Staates mit einer neuen Rechtsordnung (etwa in Österreich 1945) – nicht zweckmäßig, die „alte“ Rechtsordnung als geltendes Recht zu betrachten und zu beschreiben.

Der Unterschied zu dem eingangs geschilderten Beispiel der Geltung einer Geschwindigkeitsbeschränkung, die auch dann gilt, wenn sich keiner an sie hält und die Übertretungen auch nicht mehr sanktioniert werden, liegt darin, dass in dem einen Fall auf die **Effektivität der gesamten Rechtsordnung** abgestellt wird und daraus Rückschlüsse auf die Geltung der gesamten Rechtsordnung gezogen werden. Demgegenüber wird in dem anderen Fall die Effektivität einer einzelnen Norm betrachtet, und aus dem Umstand von deren mangelnder Effektivität wird keine Konsequenz für die Geltung der einzelnen Norm gezogen.

Die Wahl der Geltungsbegründung kann Auswirkungen auf das Verständnis der Rechtsnormen einer Rechtsordnung haben, aber auch darauf, ob man annimmt, dass Normen gelten oder anwendbar sind.

HINWEIS: Die Begriffe „Grundprinzip“, „Grundrecht“, „Grundfreiheit“ und „Grundnorm“ können verwechselt werden.

Grundprinzip: Grundprinzipien sind **Staatsideen**, die der Verfassung zu Grunde liegen. Sie sind von der Form her betrachtet, die höchstrangigen Normen im österreichischen Verfassungsrecht. Ihre Änderung ist nur durch **gesamtänderndes Bundesverfassungsgesetz** möglich.

Grundrecht: Grundrechte sind **verfassungsgesetzlich gewährleistete subjektive Rechte.**

Grundfreiheit*:* Grundfreiheiten sind im **Primärrecht der EU** verankertes **supranationales Recht**. Ihr Ziel ist es, den **Binnenmarkt** zu verwirklichen.

Grundnorm: Annahme, dass die oberste Norm des positiven Rechts gilt; ist selbst aber keine positivrechtliche Norm. Sie wird ausgehend vom Grundsatz der **Trennung von Sein und Sollen** und einer **wertrelativistischen Haltung** verwendet, um die **Geltung eines Rechtsnormensystems begründen** zu können.

C. METHODISCHE GRUNDLAGEN

1. DIE AUSLEGUNG (INTERPRETATION) VON NORMEN

Die **Rechtsdogmatik** zielt auf eine Beschreibung des geltenden Rechts ab, denn sie will dessen **Inhalt möglichst genau darstellen**. Dazu ist es erforderlich, den Inhalt des Rechts zu erfassen. Das erfolgt mit Hilfe der **Auslegung (oder Interpretation)** von Normen.

In der juristischen Alltagssprache denkt man, wenn man von „Interpretation" spricht, meist an die Auslegung von Gesetzen (generellen Regelungen); aber auch Verträge, Urteile, Bescheide und sonstige behördliche Verfügungen müssen interpretiert werden, damit man ihren Inhalt erfassen kann.

Normen sind Anordnungen – maW kundgemachte Willensakte – eines staatlichen Organs, das verfügt, wie man sich verhalten soll. Durch Interpretation versucht man, den **Inhalt dieses Willensaktes** zu ermitteln. Die Schwierigkeit besteht einerseits darin, dass man den „wahren Willen" der normsetzenden Autorität objektiv nachvollziehbar ermitteln muss, andererseits darin, dass normsetzende Kollegialorgane – wie zB der Nationalrat – ja keinen realen, einheitlichen Willen bilden.

Da die normsetzende Autorität die Norm **sprachlich äußert und auch nach außen kundtut**, beginnt die Interpretation stets mit der Analyse der Sprache.

a. Verbalinterpretation und grammatikalische Interpretation

Zunächst kann man bei der Bedeutung der vom Normsetzer verwendeten Wörter ansetzen und versuchen, die **Bedeutung des Wortlauts** zu erfassen.

Dies wird manchmal leicht sein:

> So enthält zB das wr Tierhaltegesetz spezielle Regelungen über die Haltung von „Hunden". § 5 Abs 3 des Gesetzes bestimmt: „An öffentlichen Orten müssen bissige Hunde mit einem Maulkorb versehen sein". Der Inhalt des Wortes „Hund" ist in unserem (allgemeinen) Sprachgebrauch eindeutig. Auch im zoologischen Sprachgebrauch ist der Begriff eindeutig: Hunde sind

eine „Familie“ in einer „Überfamilie“ einer bestimmten „Ordnung“. Sowohl allgemeiner als auch fachlicher Sprachgebrauch führen zu einem eindeutigen übereinstimmenden Auslegungsergebnis. Man kann davon ausgehen, dass der Landesgesetzgeber sich daran orientiert hat.

Manche Wörter haben im **allgemeinen Sprachgebrauch** eine andere Bedeutung als in einer **Fachsprache**:

So werden im Alltag die Wörter „Besitz“ und „Eigentum“ synonym verwendet; im juristischen Sprachgebrauch haben diese Wörter einen völlig unterschiedlichen Inhalt.

Andere Wörter sind auch nach unserem alltäglichen Sprachgebrauch **nicht so eindeutig**:

Das wr Baumschutzgesetz verpflichtet ua Eigentümer vor der Beseitigung von Bäumen eine Bewilligung einzuholen und nach der Beseitigung Ersatzpflanzungen vorzunehmen oder eine Ausgleichzahlung zu leisten. Von dieser Verpflichtung sieht das Gesetz Ausnahmen vor; etwa für Wälder nach dem Forstgesetz und für Obstbäume. Der Begriff „Obstbaum“ scheint auf den ersten Blick eindeutig zu sein. Darunter fallen Apfelbäume, Birnbäume, Zwetschkenbäume, Marillenbäume, Kirschbäume, etc. Was aber ist mit einem Nussbaum? Muss vor dessen Fällung eine Bewilligung eingeholt werden? Ist eine Ersatzpflanzung vorzunehmen oder eine Ausgleichzahlung zu leisten?

Der Inhalt eines Textes ergibt sich nicht ausschließlich aus (isolierten) Wortbedeutungen, sondern auch aus dem **textlichen und dem grammatikalischen Zusammenhang**.

Mit dem Wort „Ball“ wird einerseits ein rundes Spiel- und Sportgerät bezeichnet, andererseits eine Tanzveranstaltung. Welcher Begriffsinhalt gemeint ist, wird erst aus dem Zusammenhang deutlich.

Ähnlich verhält es sich mit dem juristischen Wort „Berufungsverfahren“: Der Begriff bezeichnet sowohl ein Auswahlverfahren, das vor Abschluss eines Arbeitsvertrages mit einer Universitätsprofessor*in stattzufinden hat, als auch ein Rechtsmittelverfahren im gerichtlichen Verfahren.

Grammatikalisch betrachtet kann sich je nach **Beistrichsetzung** die Bedeutung eines Satzes vollkommen ändern.

Nehmen wir als Beispiel einen Satz des Orakels von Delphi: Siegen wirst du nicht fallen im Kampf. In dem Satz findet sich keine Beistrichsetzung.

Wird der Satz so verstanden, als wäre der Beistrich nach dem Wort „du" gesetzt worden, verheißt das Orakel einen glücklichen Ausgang: „Siegen wirst du, nicht fallen im Kampf".

Wird er nach dem Wort „nicht" gesetzt, erhält die Prophezeiung plötzlich eine düstere Bedeutung: „Siegen wirst du nicht, fallen im Kampf".

b. Systematische Interpretation

Oft wird versucht, **die Bedeutung einer Regelung unter Bedachtnahme auf andere Vorschriften** zu ermitteln. Man untersucht also das System der Rechtsordnung und trachtet, aus diesem Schlussfolgerungen zu ziehen.

Typisches **Beispiel** für eine derartige Interpretation ist es, eine Regelung im Zusammenhang mit einer anderen Bestimmung zu verstehen, in der ein Begriff definiert wird (eine **Legaldefinition** enthält).

§ 5 Abs 3 wr Tierhaltegesetz bestimmt: „An öffentlichen Orten müssen bissige *Hunde* mit einem Maulkorb versehen sein".

In § 2 Abs 3 wr Tierhaltegesetz wird die Wendung „bissiger Hund" näher definiert: „Als bissiger *Hund* ist jeder *Hund* anzusehen, der einmal einen Menschen oder einen Artgenossen gebissen hat oder von dem auf Grund seiner Aggressivität eine Gefahr für die Sicherheit von Menschen oder anderen *Hunden* ausgeht".

§ 5 Abs 5 wr Tierhaltegesetz trifft nähere Regelungen über Maulkörbe: „Der Maulkorb muss der Größe und der Kopfform des Hundes angepasst und luftdurchlässig sein und dem Hund das Hecheln und die Wasseraufnahme ermöglichen".

Aus dem systematischen Zusammenhang der Regelung des § 5 Abs 3 und 5 iVm § 2 Abs 3 wr Tierhaltegesetz wissen wir, welche Hunde einen Maulkorb tragen müssen und wie dieser beschaffen sein muss.

Aus dem systematischen Zusammenhang mit Legaldefinitionen kann sich auch eine **einschränkende Interpretation** eines im Sprachgebrauch in einer bestimmten Bedeutung verwendeten Wortes ergeben:

So definiert § 1 Abs 1 wr Baumschutzgesetz das Wort „Baum":
Zum geschützten Baumbestand im Sinne dieses Gesetzes gehören alle Bäume, das sind Laub- und Nadelhölzer mit einem Stammumfang von mindestens 40 cm, gemessen in 1 m Höhe vom Beginn der Wurzelverzweigung, einschließlich ihres ober- und unterirdischen pflanzlichen Lebensraumes. Nicht alles, was wir umgangssprachlich als Baum bezeichnen würden, ist

also ein Baum iS des wr Baumschutzgesetzes. Das Holzgewächs muss einen gewissen Stammumfang haben.

c. Historische (Willens-) Interpretation

Es gibt aber noch andere Möglichkeiten als ausschließlich aus einem kundgemachten Text von Normen auf den **„Willen" des Normsetzers**, der die auszulegende Vorschrift erlassen hat, zu schließen. Im Zuge der Entstehung von Gesetzen gibt es Unterlagen, aus denen man Rückschlüsse auf die Absicht, die mit einer Regelung verfolgt werden sollte, gewinnen kann. Es sind dies die sogenannten „**Gesetzesmaterialien**" – das sind Gesetzesentwürfe, Gesetzesanträge (insb Regierungsvorlagen samt Erläuterungen – zu finden in den Beilagen zu den Stenographischen Protokollen), Stenographische Protokolle, Ausschussberichte. Auch diese Materialien sind freilich **Texte**, die interpretiert werden müssen.

§ 64 Universitätsgesetz 2002 normiert (verkürzt gesagt), dass Zulassungsvoraussetzung für ein Masterstudium die Absolvierung eines fachlich in Frage kommenden Bachelorstudiums oder eines anderen gleichwertigen Studiums ist. Der Maßstab der Gleichwertigkeitsprüfung ist im Gesetz nicht ausdrücklich normiert.

In den Materialien (Erläuterungen zur Regierungsvorlage) findet sich dazu folgende Ausführung:

„Bei der Beurteilung der Gleichwertigkeit des „anderen in- oder ausländischen Studiums" wird ein anderer Maßstab als bei den Anerkennungen gemäß § 59 (im UG 2002: § 78) und der Nostrifizierung […] anzulegen sein. Denn das Ergebnis der Beurteilung der Gleichwertigkeit ist in diesem Fall keine unmittelbare Erwerbung eines akademischen Grades […] sondern die Zulassung zu einem weiterführenden Studium. Die Beurteilung der Gleichwertigkeit ist dabei im Hinblick auf die Zulassung zu einem weiterführenden Studium vorzunehmen. Auf eine Kurzformel gebracht bedeutet dies: Nicht gleichwertig womit, sondern gleichwertig wofür".

Aus dieser Bemerkung können wir auf die Bedeutung des Begriffes „gleichwertig" in dieser Bestimmung schließen. Die Willensinterpretation führt damit zu dem Ergebnis, dass die Gleichwertigkeit in Bezug auf die Kenntnisse, die für ein weiterführendes Studium notwendig sind, zu prüfen ist.

d. Verfassungskonforme Interpretation

Die verfassungskonforme Interpretation ist eine systematische Interpretation, verbunden mit Elementen der historischen Interpretation:

Dabei geht man von der grundsätzlichen Überlegung aus, dass eine erzeugungsmäßig niedrige Rechtsnorm **unter Bedachtnahme auf die sie bestimmende (determinierende) Vorschrift auszulegen** ist. **Im Zweifel** – dh, wenn der Wortlaut mehrere Auslegungsvarianten zulässt – ist jener Auslegung der Vorrang zu geben, die ein Gesetz **verfassungskonform** erscheinen lässt. Man nimmt an, dass der Gesetzgeber im Zweifel keine verfassungswidrige Regelung schaffen wollte.

> ZB kann fraglich sein, ob mit dem Wort „Studenten“ männliche und weibliche Studierende erfasst werden sollen. Wäre die Regelung verfassungswidrig (gleichheitswidrig) wenn sie nur männliche Studierende erfassen würde, aber verfassungskonform, wenn sie männliche und weibliche Studierende erfassen würde, dann legt man sie im Zweifel so aus, dass sie beide Gruppen erfasst.

Derartige Überlegungen können **auch bei anderen über- und untergeordneten Normen** angestellt werden. Sodann arbeitet man zB auch mit einer

- grundprinzipienkonformen Interpretation (insbesondere auch von Verfassungsrecht),
- einer völkerrechtskonformen Interpretation,
- einer europarechtskonformen Interpretation oder
- einer gesetzeskonformen Interpretation von Verordnungen.

e. Versteinerungstheorie

Auch diese Auslegung ist eine **historisch-systematische Interpretation**. Sie wird vor allem bei der Auslegung der **Kompetenzbestimmungen** der Bundesverfassung angewandt.

Wie bereits im Kapitel „Verfassungsrecht“ ausgeführt, zählt die Bundesverfassung bestimmte Angelegenheiten („Materien“) auf und überträgt diese in die Zuständigkeit des Bundes (nicht dem Bund zugewiesene Angelegenheiten fallen in die Zuständigkeit der Länder). Dabei stellt sich die Frage, **welchen Umfang** diese Kompetenzbegriffe haben.

> So stellt sich etwa die Frage, ob unter „Verkehrswesen bezüglich Eisenbahnen“ auch Bauwerke wie Bahnhöfe unter diesen Kompetenztatbestand fallen.

Wenn sich der Inhalt nicht auf andere Art (etwa durch rein historische Interpretation) ermitteln lässt, untersucht man, **welchen Inhalt einfache Gesetze** (etwa Eisenbahngesetze) **zum Zeitpunkt** des **Inkrafttretens** (bzw nach anderer Auffassung: der Beschlussfassung) der Kompetenzbestimmungen **des B-VG** hatten. Man nimmt an, dass der Verfassungsgesetzgeber diese Vorstellung dem von ihm verwendeten Wort zu Grunde gelegt hat.

> Dabei zeigt sich zB, dass Bauwerke, die zum Betrieb der Eisenbahn gehören, immer als Angelegenheit der Eisenbahnen verstanden wurden, daher zum Kompetenztatbestand „Verkehrswesen bezüglich Eisenbahnen" gehören und daher Gesetzgebung und Vollziehung in diesem Bereich in die Zuständigkeit des Bundes fällt.

f. Teleologische Interpretation

Diese Auslegungsmethode stellt auf den **Zweck des Gesetzes** bzw einer Regelung ab.

Im Zusammenhang mit dem **Öffentlichen Recht** wird zum Teil die Auffassung vertreten, dass dieser Interpretationsmethode keine eigenständige Bedeutung zukommt. Denn das Handeln des machtausübenden Staates soll nur auf Grund von demokratisch legitimierten Normen erfolgen. Damit man dem Gesetzgeber keinen Zweck unterstellt, muss man den „Zweck" einer Regelung entweder dem Gesetz selbst (dann liegt aber eine systematische Interpretation vor) oder aus den Materialien (historische Interpretation) entnehmen. Die Möglichkeiten einer teleologischen Interpretation sind vor diesem Hintergrund begrenzt. Dazu kommt, dass Normen oft auch mehrere Zwecke verfolgen.

Im **Privatrecht** kommt der teleologischen Interpretation demgegenüber eine Schlüsselfunktion zu.

Auch im **Völkerrecht** spielt sie eine zentrale Rolle. So normiert Art 31 Abs 1 des Wiener Übereinkommens über das Recht der Verträge: *„Ein Vertrag ist nach Treu und Glauben in Übereinstimmung mit der gewöhnlichen, seinen Bestimmungen in ihrem Zusammenhang zukommenden Bedeutung und im Lichte seines Zieles und Zweckes auszulegen"*.

g. Auslegungsdivergenzen

Es kann sein, dass die verschiedenen Interpretationsmethoden zu verschiedenen Auslegungsergebnissen führen.

So kommt es gelegentlich vor, dass man eine Absicht des Gesetzgebers feststellen kann, die im Text des Gesetzes keinen Ausdruck findet, oder nur so, dass Normtext und gesetzgeberische Absicht in verschiedene Richtungen weisen. Da Rechtsvorschriften in der österreichischen Rechtsordnung in die Form der Sprache zu kleiden und kundzumachen sind, damit die Adressat*innen das Recht erkennen und sich danach verhalten können, nimmt man an, dass dem Normtext vorrangige Bedeutung zukommt.

Es kann freilich sein, dass selbst bei sorgfältiger Anwendung sämtlicher Interpretationsmethoden gewisse **Unklarheiten bestehen bleiben**; so kann es sein, dass ein unklarer Wortlaut weder durch grammatikalische noch durch systematische Überlegungen präzisiert werden kann und dass es keine Dokumente gibt, die uns einen Rückschluss auf den Willen des Gesetzgebers ermöglichen. Dann sind die **Grenzen der Erkenntnis erreicht**. Man kann aus wissenschaftlicher Sicht nicht mehr sagen, als dass es mehrere Auslegungsvarianten gibt.

Wird ein **Rechtsakt gesetzt (erlassen),** so ist diese Sollensanordnung ein Willensakt auf Grundlage einer Erzeugungsnorm. Bevor der Willensakt erlassen werden kann, muss ermittelt werden, wie weit die durch die Erzeugungsnorm eingeräumte Ermächtigung reicht. Das vollziehende Organ muss also zunächst interpretieren und dann die Norm erlassen.

Im Unterschied zur Rechtswissenschaft, kann man es in diesem Fall **nicht bei einem unklaren Auslegungsergebnis bewenden lassen**. Wer das Recht anzuwenden hat, muss eine der vertretbaren Auslegungsmöglichkeiten wählen und darauf seine Entscheidung stützen. In der Praxis wird allerdings nicht immer deutlich zwischen Interpretation und Entscheidung getrennt.

2. „AUTHENTISCHE INTERPRETATION“

Unter „**authentischer Interpretation**“ versteht man einen Normsetzungsakt, mit dem ein **normsetzendes Organ anordnet**, wie eine von ihm früher erlassene Regelung

zu verstehen ist – also eine Art Legaldefinition. Diese wirkt allerdings **rückwirkend**, weil jedenfalls implizit angeordnet wird, dass die Regelung schon immer so zu verstehen gewesen ist. Der **Begriff „Interpretation“** ist daher **irreführend**, weil es sich dabei nicht bloß um Auslegung, sondern um einen Normsetzungsakt handelt.

3. EIN BEISPIEL MIT FALLVARIANTEN

Anhand des wr Baumschutzgesetzes sollen die verschiedenen Methoden praktisch erläutert werden:

Variante 1:

> Mit Inkrafttreten des wr Baumschutzgesetzes wird eine Norm erlassen, die anordnet, dass Nussbäume Obstbäume im Sinne dieses Gesetzes sind,
>
> Dabei handelt es sich um eine **Legaldefinition**.
>
> Das bedeutet: Wenn Nussbäume Obstbäume im Sinne des wr Baumschutzgesetzes sind, dürfen sie ohne Bewilligung gefällt werden.

Variante 2a:

> Einige Zeit nach Inkrafttreten des wr Baumschutzgesetzes wird durch eine Novelle der Legaldefinition über Bäume die Regelung angefügt, dass Nussbäume Obstbäume im Sinne dieses Gesetzes sind, und es ergibt sich aus der Novelle, dass diese Novelle rückwirkend in Kraft tritt.
>
> Es handelt es sich um eine **authentische Interpretation**.
>
> Diese ist insofern verfassungsrechtlich unproblematisch, als das Fällen von Obstbäumen (und damit auch Nussbäumen) nach den Regelungen des Gesetzes ohne Bewilligung erfolgen darf; ein Fällen ohne Bewilligung daher auch nicht rückwirkend mit Strafe bedroht wird.

Variante 2b:

Einige Zeit nach Inkrafttreten des wr Baumschutzgesetzes wird durch eine Novelle der Legaldefinition über Bäume die Regelung angefügt, dass Nussbäume keine Obstbäume im Sinne dieses Gesetzes sind, und es ergibt sich aus der Novelle, dass diese Novelle rückwirkend in Kraft tritt.

Es handelt sich um eine **authentische Interpretation**.

Diese Regelung ist verfassungswidrig. Denn damit wird rückwirkend angeordnet, dass Obstbäume nur mit Bewilligung gefällt werden dürfen; das Fällen von Obstbäumen ohne Bewilligung wird dadurch rückwirkend mit Strafe bedroht. Dies ist im Hinblick auf das in Art 7 EMRK normierte Rückwirkungsverbot unzulässig.

Variante 2c:

Einige Zeit nach Inkrafttreten des wr Baumschutzgesetzes wird durch eine Novelle der Legaldefinition über Bäume die Regelung angefügt, dass Nussbäume keine Obstbäume im Sinne dieses Gesetzes sind. Es ist zweifelhaft, ob eine authentische Interpretation (dh eine Rückwirkung) normiert werden soll.

Wenn zweifelhaft ist, ob eine Rückwirkung angeordnet sein soll, könnte man die Regelung im Sinne einer verfassungskonformen Interpretation (im Hinblick auf Art 7 EMRK) so auslegen, dass damit bloß eine Legaldefinition (und somit keine Rückwirkung) angeordnet werden sollte.

Nussbäume dürften damit erst ab dem Zeitpunkt des Inkrafttretens der Novelle nicht mehr ohne Bewilligung gefällt werden. Erst ab diesem Zeitpunkt stünde das Fällen von Nussbäumen ohne Bewilligung unter Strafe.

4. ANALOGIE

Analogie (Lückenschließung) ist eine Art der **Rechtsfortbildung**, die **durch den Rechtsanwender** erfolgt.

Unter **Analogie** versteht man die **Anwendung einer Rechtsvorschrift, die einen bestimmten Sachverhalt regelt, auf einen ähnlichen, aber nicht geregelten Sachverhalt.**

Eine Analogie wird angewandt, um „Lücken" in gesetzlichen Regelungen zu schließen. Da es sich um Rechtsfortbildung durch ein nicht durch die Verfassung dazu ermächtigtes Organ handelt, ist auch hier – wie bei der teleologischen Interpretation – im **Öffentlichen Recht** Zurückhaltung geboten. Sie ist nur bei **eindeutig planwidrigen Unvollständigkeiten** des Gesetzes („echte Lücke") zulässig. Eine solche liegt insb vor, wenn eine **Regelung erlassen wurde, diese aber nicht vollzogen werden kann**, weil andere Regelungen fehlen.

> Zum Beispiel sieht ein Gesetz ein Gremium vor, das durch Wahl zu bestellen ist, regelt aber nicht, wer wahlberechtigt ist. Die Regelung über die Bestellung des Gremiums kann damit nicht vollzogen werden. Hier liegt eine eindeutig planwidrige Unvollständigkeit vor; wir sagen auch, es liegt eine „echte Lücke" vor.
> In einem solchen Fall prüft man, welche Regelungen über die Wahlberechtigungen zu ähnlichen Gremien bestehen und wendet diese Regelungen auf die Wahl des Gremiums an, für das keine Regelungen über die Wahlberechtigung bestehen.

Unzulässig ist ein Analogieschluss in Fällen, in denen man zwar eine bestimmte Regelung erwarten würde, diese aber **planmäßig** nicht besteht. Dies ist insb dann der Fall, wenn die bestehenden **Regelungen auch ohne Analogieschluss vollzogen werden können.**

> Eine solche Lücke liegt zum Beispiel vor, wenn eine Regelung für Halter bestimmter Hunderassen einen Hundeführschein vorsieht, nicht aber für Mischlingshunde dieser Rassen. Hier würde man sich vielleicht eine entsprechende Regelung für Mischlingshunde erwarten. Es ist aber unzulässig, diese Lücke durch Analogie zu schließen. Denn die Regelung ist in Bezug auf die genannten bestimmten Hunderassen vollziehbar; es liegt keine planwidrige Lücke vor.

Die Regelung mag vielleicht auch gleichheitswidrig – und damit verfassungswidrig – sein, weil sie eine unsachliche Differenzierung vornimmt und für bestimmte

Hunderassen eine Verpflichtung normiert, für andere aber nicht, obwohl diese genauso potentiell gefährlich sind. Diese Gleichheitswidrigkeit kann aber weder durch Analogie repariert werden (weil keine echte Lücke vorliegt), noch durch eine verfassungskonforme Interpretation (weil kein Zweifelsfall vorliegt, da eindeutig geregelt ist, für welche Hunde ein Hundeführschein erforderlich ist).

Im Strafrecht sind Analogieschlüsse zur Schaffung neuer Tatbestände auf Grund der bereits zitierten Regelung des Art 7 EMRK unzulässig.

> Wäre das Halten von Hunden bestimmter Rassen ohne Hundeführschein bei Strafe verboten, wäre eine Ausweitung des Verbotes auf andere Hunderassen nicht nur aus den bisher genannten Gründen unzulässig, sondern auch im Hinblick auf Art 7 EMRK.

Im **Privatrecht** gibt es demgegenüber sogar eine ausdrückliche gesetzliche Ermächtigung für Analogieschlüsse. § 7 ABGB (Allgemeines bürgerliches Gesetzbuch) bestimmt:

> „Lässt sich ein Rechtsfall weder aus den Worten, noch aus dem natürlichen Sinne eines Gesetzes entscheiden, so muss auf ähnliche, in den Gesetzen bestimmt entschiedene Fälle, und auf die Gründe anderer damit verwandten Gesetze Rücksicht genommen werden. Bleibt der Rechtsfall noch zweifelhaft; so muss solcher mit Hinsicht auf die sorgfältig gesammelten und reiflich erwogenen Umstände nach den natürlichen Rechtsgrundsätzen entschieden werden.“ (siehe dazu näher im Teil II – Privatrecht).